JN271901

日本語文法練習帳

山田敏弘

くろしお出版

はじめに

　皆さん、文法は好きですか。
　外国人に日本語を教える仕事をしていらっしゃる方やそのような仕事を目指している方には、文法が好きだという方も多いでしょう。しかし、そのような仕事をしているわけでない方にとって、文法は、なかなか好きになれないものであるのも事実です。
　文法が好きになれない理由は、何でしょうか。
　その理由は、中学・高校で習った文法が、難しくて理解できなかったからか、実際の生活で役に立たないと感じているからのどちらか、あるいはその両方でしょう。
　しかし、本当はそのどちらでもありません。
　難しいのは、それだけ、わかれば楽しいものである証拠です。ちょっとした考え方の手順を覚えれば、必ず、文法は理解しやすいものになります。
　それだけではありません。たしかに、学校の文法が生活に役立ったことは少ないかもしれません。しかし、「本当の文法学習」は、日本語を正しく理解し豊かに表現するために役立つものです。
　文法は、よりよい日本語人であるために、楽しく、かつ有用な道具(ツール)なのです。
　本書は、学校文法を基礎として、文法全般に対する理解を深め、さらに応用を目指す本です。学校文法は、問題点もあまたありますが、多くの人が中学校や高校で時間を割いて勉強をしている基礎知識です。私は、この共有財産を活かすことが得策と考えます。
　しかし、学校文法が抱えている矛盾のために文法嫌いになってはどうしようもありません。学校文法で整合性のない点などは、その理由を説明しつつ、あえて捨て置くことを提案します。本書では、その上で、現代日本語学研究によってもたらされた文法に関する新しい説明法を導入しています。
　本書が想定している読者は、第一に、小・中・高等学校で国語を教える先生方や、先生を目指す学生の皆さんです。国語教育に携わる方には、学校文法をリフォームした、現代風の使いやすい「文法」を学んでいただきたいと思います。
　さらに、国語にあまり縁のない方にも、文法が楽しく役立つものであることを知ってほしいと思い、作文で見られる「誤り」の理由を考えたり、身近な日本語に潜むさまざまな「しくみ」を考え深めたりして、文法を楽しく考えてもらえるよう工夫しました。

　文法がつまらない、役立たない。
　このような批判が聞かれなくなる日まで、私は、現代日本語の文法のおもしろさを、より多くの人に知ってもらえるよう、努力していきたいと考えています。

平成26年8月
山田　敏弘

目 次

はじめに i
本書の使い方 iv

- §1　品詞 1
- §2　活用 7
- §3　文の組み立て 13
- §4　格助詞 19
- §5　副助詞 25
- §6　接続助詞 31
- §7　連用修飾・連体修飾 37
- §8　助動詞(1)：受身・使役・可能 45
- §9　助動詞(2)：否定・時間 51
- §10　助動詞(3)：判断ともくろみ 59

§11	助動詞に似た働きの形式(1)：評価と働きかけ 65
§12	助動詞に似た働きの形式(2)：補助動詞・複合動詞 71
§13	敬語・待遇表現 77
§14	文章・談話 83
§15	文法とは 91

学習のヒント 95

参考文献 106
おわりに 108

本書の使い方

本書は、さまざまな問題に取り組むことで、日本語文法を自学できるよう作られています。

Point 基本の確認

例文を手がかりに、学校文法で学んだ基本知識を確認します。

Think 問題　　　　　　　　Answer 解説

基本から少し発展的な問題まで、実際の問題に取り組みながら学びます。

すぐ次のページに解説がありますので、自分が間違えて覚えてきたことや、よく理解していなかったことが、よりよく理解されるでしょう。

問題③（§7では問題②と④、§9と§14では問題④）では、実際の小学生が書いた作文や大学生など大人が書いた文（実例を一部改変して、問題点をわかりやすくしてあります）に見られる「誤り」を、文法的な観点から考えます。ただし、この「誤り」は、規範意識に照らして見たときに誤用と言われるだけで、日本語としてよく使われる表現も含みます。国語教師を目指す人は、使う場面を考えて文を書いた相手に的確な助言ができるようになるとよいでしょう。

なお、§7、§9、§14は、複数の事項を含みます。それぞれの事項に「基本の確認」を立ててあるため、問題と解説の数が多くなっています。

Connect 古典文法と比較してみよう

「日本語文法」といって頭に浮かべるのは、高等学校で習う古典文法であることもしばしばです。この古典文法と現代語文法とを比較してみましょう。時間を超えた文法の比較によって、日本語がどのような言語なのかを、よりよく知ることができます。

＊古典文法の説明に用いた例文の出典は、以下の通り。いずれもさまざまな辞書・参考書から引用した。

［古事］......『古事記』（712）
［万葉］......『万葉集』（782〜783頃）
［古今］......紀貫之ら編纂『古今和歌集』（905頃）
［竹取］......作者不詳『竹取物語』（平安初期）
［土佐］......紀貫之『土佐日記』（935頃）
［伊勢］......作者不詳『伊勢物語』（平安時代）
［蜻蛉］......藤原道綱母『蜻蛉日記』（974頃）
［枕］..........清少納言『枕草子』（1001頃）
［和泉］......和泉式部『和泉式部日記』（1007〜1008頃）
［源氏］......紫式部『源氏物語』（1015頃）
［更級］......菅原孝標女『更級日記』（1059頃）
［大鏡］......作者不詳『大鏡』（平安後期）
［平家］......作者不詳『平家物語』（鎌倉前期）
［著聞］......橘成季『古今著聞集』（1254）
［徒然］......吉田兼好『徒然草』（1330頃）

A_{ction} 身近な日本語から考えてみよう

　身近な日本語に潜む文法を解き明かしていくために、国語教科書の教材を含めた文学作品や歌の歌詞からも気になる表現を拾ってみます。なぜこのような表現がなされているのかを、その作品や作者と結びつけるのではなく、一般化できる言語の特性という観点で捉えてみましょう。この作業によって、より役立つ日本語文法が学べます。

Q_{uestion} 発展問題

　日本語学や言語学で議論する問題にも挑戦してみてください。ひとりででなく、何人かで知恵を出し合って、取り組んでほしいと思います。中には、答えがひとつに決まらないものもあります。多様な見方を培うことが肝要と捉え、自由に意見を言い合ってみてください。

Column

　本書での学習をより一般的な言語研究へと発展させるために、言語学の考え方や日本語教育での用いられ方など、有用と思われるトピックをコラムにまとめました。おおよそ、そのセクションに関連する内容となっていますので、一度目を通し、考え方のヒントとしてください。

Reflection

　自分の学んだことを振り返ってみましょう。わかったことだけでなく、疑問も同時に増えていく学び方をお勧めします。

　本書は、同じ筆者による姉妹書『国語教師が知っておきたい日本語文法』を用いた大学での授業の補助プリントが元となっています。そのため、同書と章立てがほぼ同じになっており、副教材としてもご活用いただけます。本書から学んだ方も、細かい説明がほしい場合や、周辺について知りたい場合には、『国語教師が知っておきたい日本語文法』をご参照ください。本文では、《➡ 国》と提示しています。

　また、教科書教材を題材として、さらに発展的に文法について考えてほしい箇所については、発展として山田敏弘著『国語を教える文法の底力』を示しましたので、ご参照ください。本文では、《➡ 底》と提示しています。

§1 品詞

Point 基本の確認

「ねえ、この池では、よく魚が釣れるそうだね。」「だけど、変な魚が多いですよ。」

学校文法の基本は、**単語**に分けることから始まります。単語とは、「意味や機能をもつ最小の単位」です。単語に分ければ、辞書で意味を調べることができます。

まず、上の文を、意味を考えながら小さく切ってみましょう。

　　ねえ／この／池／で／は／よく／魚／が／釣れる／そうだ／ね／
　　だけど／変な／魚／が／多い／です／よ／

さらに、その単語から文を始められる語と始められない語に分けてみましょう。

　　始められる：ねえ、この、池、よく、魚、釣れる、だけど、変な、多い　→自立語
　　始められない：で、は、が、そうだ、ね、が、です、よ　　　　　　　　→付属語

その語から文が始められる語を**自立語**、それ以外の語を**付属語**といいます。自立語は、活用《➡§2》の有無、および、活用の型あるいは文中での働きによって、次の**品詞**に分類されます。

　　ねえ＝感動詞、この＝連体詞、池・魚＝名詞、よく＝副詞、釣れる＝動詞、
　　だけど＝接続詞、変な＝形容動詞、多い＝形容詞

このような自立語8品詞に、助詞と助動詞という付属語2品詞を加え、日本語の単語は10の品詞に分けられます。これらの単語を組み合わせて、日本語の文は作られます。

Think 問題①

次の文を単語に区切ってみましょう。

(1) 昨日、マラソン大会があった。Aくんは速く走って、Bさんはゆっくり走った。

(2) ああ、この子は元気だね。しかし、あちらの子は病気だそうだ。

§1……品詞

Answer 解説①

単語に分ける際に迷ったことはありますか。それは、何ですか。

> ☐ 「あった」を1語とするか、「あっ／た」と切って2語とするか迷った。
> ☐ 「Aくん」や「Bさん」を、1語にするか2語にするか迷った。
> ☐ 「病気だそうだ」の切り方がよくわからなかった。

「あった」は、「ある」の活用した形「あっ」と、「た」に分けます。日本語の「た」は、ほかの語に付いて使われていても独立性があり切り出しやすいため、ひとつの単語と考えます。

「くん」や「さん」は、常にほかの単語に付いて使われます。このようなことばを接辞といいます。接辞は、助詞や助動詞と違い、単語とは認められません。

> 接辞と、助詞や助動詞との違いは、必ずしも明確ではありません。ここでは接辞を、「限定された語と常にいっしょに用いられて、その語に何らかの意味を付け加えたり、その語をほかの品詞の語に変えたりする働きをもつ小さなことば」と捉えておきます。

「病気だそうだ」は、「病気」という名詞に、「だ」と「そうだ」という助動詞が2つ付いています。「病気だ」と「元気だ」は似ていますが、ふつう「病気な子」とは言わないことから、「病気」は名詞と考えます。「元気な」のように「〜な」で名詞にかかる語は、「元気だ」「元気な」「元気に」など、活用語尾まで含め形容動詞と捉えます。

自立語と**付属語**の別に、(1)と(2)を単語に分けてみると、次のようになります。

(1) 昨日／マラソン大会／が／あっ／た
　　Aくん／は／速く／走っ／て／Bさん／は／ゆっくり／走っ／た

(2) ああ／この／子／は／元気だ／ね／しかし／あちら／の／子／は／病気／だ／そうだ

正しく単語に分けると、形式とその機能とを対応させやすくなります。

Think 問題②

(1)と(2)の文に見られる次の単語の品詞を言いましょう。
　　① 昨日　　② 速く　　③ この

Answer 解説②

品詞分類を考える上で大切なことは、**形式と機能の区別**です。

「昨日」という単語は、次のように2つの特徴から分類することができます。

  形式的分類 **名詞**   「昨日が私の誕生日でした」と言える（主語になる）
  機能的分類 連用修飾 「昨日〜あった」と動詞にかかることから、副詞的な
           働きを担っている

品詞は、形式と機能のどちらを優先するかで捉え方が変わってきます。学校文法では、形式が優先されるため、「昨日」は名詞に分類されます。

同じように、「速く」と「この」についても考えてみましょう。

「速く」 形式的分類 **形容詞** 「速かろ（う）、速かっ（た）、速い…」と活用する
    機能的分類 連用修飾 副詞「ゆっくり」と同じく動詞「走る」にかかって動作のあり方を詳しく述べている

「この」 形式的分類 **連体詞** 活用をしない。また、現代語では、「こ」と「の」に分けられず、ひとまとまりで名詞を修飾する
    機能的分類 連体修飾 形容詞と同じように名詞を修飾している

日本語の活用のある単語は、ほぼ規則的に語尾が変わります。そのため、「速い」と「速く」はひとつの単語の活用形と捉えます。

Think 問題③

次の作文の「誤り」を、品詞という観点から指摘しましょう。

（1）Aさんが病気なことは知らなかった。病気な人は、別な人だと思っていた。
      従属節「Aさんが病気な（こと）」の「な」は、助動詞「だ」の連体形です。

（2）ピンクいバラを飾ったら、部屋がきれくなった。

§1 品詞

Connect 古典文法と比較してみよう

次の2つの品詞分類表から、似ている点と違っている点を考えてみましょう。

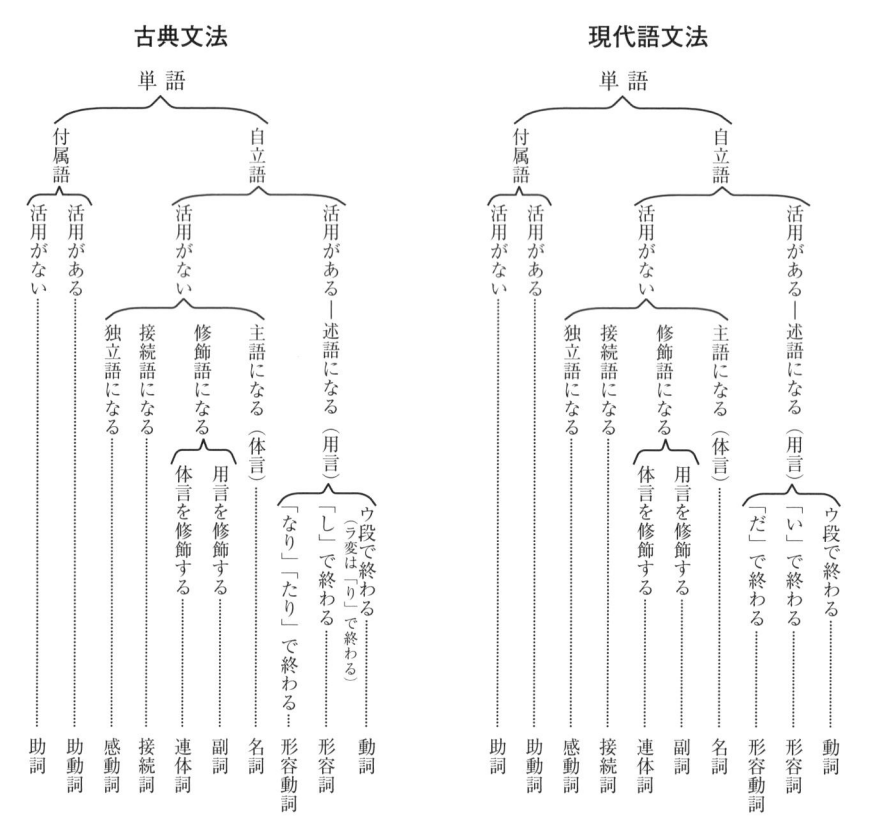

古典文法

単語
- 付属語
  - 活用がない……助詞
  - 活用がある……助動詞
- 自立語
  - 活用がない
    - 独立語になる……感動詞
    - 接続語になる……接続詞
    - 修飾語になる
      - 体言を修飾する……連体詞
      - 用言を修飾する……副詞
    - 主語になる（体言）……名詞
  - 活用がある―述語になる（用言）
    - 「なり」「たり」で終わる……形容動詞
    - 「し」で終わる……形容詞
    - ウ段で終わる（ラ変は「り」で終わる）……動詞

現代語文法

単語
- 付属語
  - 活用がない……助詞
  - 活用がある……助動詞
- 自立語
  - 活用がない
    - 独立語になる……感動詞
    - 接続語になる……接続詞
    - 修飾語になる
      - 体言を修飾する……連体詞
      - 用言を修飾する……副詞
    - 主語になる（体言）……名詞
  - 活用がある―述語になる（用言）
    - 「だ」で終わる……形容動詞
    - 「い」で終わる……形容詞
    - ウ段で終わる……動詞

「大きな」に対応する古典語は何か、現代語と古典語で品詞が違う語はないかなど、具体的な語を比較して考えてみましょう。

Column 実は難しい品詞分類

「別な本」と言うか「別の本」と言うかで迷ったことはありませんか。「別な」は形容動詞、「別の」は名詞＋助詞。品詞は違いますがどちらも使われています。そうなると、「この本は、あれとは別だ」という場合の「別だ」は、1語の形容動詞の終止形か「名詞＋断定の助動詞」という2語か、すぐには決められません。

そもそも、「元気」も、辞書には、名詞とも形容動詞とも書いてあります。「元気がいい」と主語になることを主と捉えれば名詞になりますし、「元気な子」と言えることを考えれば形容動詞となります。

品詞には連続的な性質が認められます。学校文法では「元気な」と言える特徴を優先させて形容動詞と認めているのだと理解しておきましょう。

Action 身近な日本語から考えてみよう

　単語を品詞に分けることには、どのような利点があるのでしょうか。

　活用をする品詞は、同じ活用を当てはめて文の中で自由に使うことができます。つまり、品詞がわかれば、いろいろな形に変化させられるのです。

　たとえば、若い人が「恥ずかしい」の意味で使う「はずい」も、過去であれば「はずかった」、変化を表す場合には「はずくなる」と、表現したい意味に合わせて形を変えて使えます。これは、「はずい」を形容詞という品詞に分類しているからこそできることです。

　品詞を考えることによって、文学作品をより深く味わえることもあります。小学校4年生の国語教科書にも載っているあまんきみこ作『白いぼうし』の最後の場面には、下のような文があります。

　　白いちょうが、二十も三十も、いえ、もっとたくさん飛んでいました。クローバーが青々
　　と広がり、わた毛と黄色の花の交ざったたんぽぽが、点点のもようになってさいています。
　　　　　　　　　　　　　　　　　　　　　　　　　　　　　　（あまん きみこ『白いぼうし』）

　ここでは、「黄色の花」ということばが使われています。なぜ、「黄色い」という形容詞を用いて「黄色い花」と言うのではなく、「黄色の」という名詞と助詞の組み合わせを用いているのでしょうか。自分の考えを言ってみましょう。

> 子どもの中に、「『黄色い』は薄い黄色で、『黄色の』は濃い感じがする」という意見がありました。しかし、実際の花屋で売っている「黄色のチューリップ」は、「黄色いチューリップ」よりも、本当に濃いのでしょうか。ほかの場面でも通用する、より一般化できるルール（＝文法）を考えましょう。

　このほかにも、さまざまな小説の中で使われる色の表現を、品詞を変えて考えてみましょう。

§1 品詞

Question 発展問題

(1) 「夜が明けると山が白だった」とは言えません。この場合、なぜ、色を表す名詞が使えず、形容詞で「白かった」と言わなければならないのでしょうか。また、「白だった」と言えるのはどのような場合ですか。いろいろな色でも考えてみましょう。

(2) 英語の 'quick' は形容詞で、'quickly' は副詞です。一見、日本語の「速い」と「速く」のような活用に見えますが、英語では別の品詞と捉えます。なぜ、英語の 'quickly' を、'quick' という形容詞の活用形と捉えないのか、考えてみましょう。

Reflection

学習して深まったことをまとめましょう。疑問・質問があれば、書き留めておきましょう。

§2 活用

Point 基本の確認

行かないなんて言わずにいっしょに行きましょう。あなたが行けば彼も行くと思います。

「行く」という単語は何回使われているでしょう。答えは、1回ですか、それとも4回ですか。ふつうは4回使われていると考えます。それは、「行か〜」も「行き〜」も「行け〜」も、皆、「行く」の変化した形だと捉えているからです。

日本語では、同じ動詞でも、次に続く助詞・助動詞などのことばや、単独での意味によって、さまざまに形を変えて使われます。これを**活用**といいます。

一方で、変わらない部分があるからこそ共通した意味を担うことができます。学校文法では、この変わらない部分を**語幹**、それに続いて「ない」や「ば」との間に置かれるつなぎ部分を**活用語尾**といいます。上の文に出てきた語形を例に見てみましょう。

語幹	活用語尾	後に続くことば
行	か	ない
行	き	ます（ましょう）
行	く	と
行	け	ば

左のように整理した表を、**活用表**といいます。「行く」のように活用語尾が「か、き、く、け」と同じ行で変化する動詞は、「行こう」という形も含め、ア段からオ段まで五段に活用するため、五段活用動詞と呼ばれます。

現代語の動詞の活用の種類には、ほかに、一段活用、カ行変格活用（カ変）、サ行変格活用（サ変）があります。

Think 問題①

次の動詞の活用を表に整理しながら、活用の種類を考えましょう。

(1) 切る　　(2) 起きる　　(3) 見る

語幹	活用語尾	語幹	活用語尾	語幹	活用語尾	後に続くことば
						〜ない
						〜ます
						〜。
						〜とき
						〜ば
						〜！（命令）
						〜う／よう

§2……活用

Answer 解説①

活用表と活用の種類を考える際に迷ったことは何ですか。

> ☐ 「〜。」と「〜とき」の欄がすべて同じでよいか迷った。
> ☐ 「見る」の語幹をどうしたらよいか困った。

古典語では、「起く。」と「起くるとき」の形が違うため、活用形を終止形と連体形とに分ける必要がありました。しかし、現代語には、ナ変動詞も上二段動詞もありません。それでも終止形と連体形を分けるのは、形容動詞で終止形と連体形の形が違うためです。

> 逆に、「行かない」と「行こう」は、同じく未然形です。これは、「行こう」が「行かむ」という形の音韻的に変化した形であるという語源的理由のためです。現代語の動詞に関しては、「終止・連体形」をまとめ、逆に「行こう」のような形を「意向形」として新たに立てる方法もあります。

すべての活用形を埋めると次のようになります。右端に活用形も示しておきます。

語幹	活用語尾	語幹	活用語尾	語幹	活用語尾		活用形
切	ら	起	き	(見)	み	〜ない	未然形
切	り	起	き	(見)	み	〜ます	連用形
切	る	起	きる	(見)	みる	〜。	終止形
切	る	起	きる	(見)	みる	〜とき	連体形
切	れ	起	きれ	(見)	みれ	〜ば	仮定形
切	れ	起	きろ／きよ	(見)	みろ／みよ	〜！	命令形
切	ろ	起	き	(見)	み	〜う／よう	未然形

活用表では、活用語尾を埋めなければなりません。そのため、「見る」や「着る」などは、語幹がないとするか、語幹と活用語尾を兼用すると考えます。

> 語幹がないというのは、非常に奇異な捉え方です。語の根幹がないということは、どの部分が語としての意味を担うのかわからなくなるからです。

Think 問題②

次の下線部の活用形は何か、理由を添えて答えましょう。

(1) 晴れ間が<u>出る</u>と、暑く<u>なる</u>だろう。日が<u>沈む</u>まで待とう。

(2) <u>おもしろくない</u>から<u>書か</u>ないつもりだ。

Answer 解説②

　活用形を考える上で大切なことは、その**環境**での**一般性**です。たとえば、丁寧の助動詞「ます」の前では、品詞を問わず必ず連用形になる。この一般性が、活用を考える上で重要です。

　この考えに従い、同じ環境で形が違う語を当てはめると、その環境が要求する活用形がわかります。たとえば、「と」の前に来る単語の活用形は何でしょうか。「出ると」の「出る」では、「と」の前が終止形か連体形か、これだけではわかりませんが、形容動詞を入れてみるとわかります。

| 動詞　　　出ると | → | 終止形：出る | 連体形：出る | → | 判別不能 |
| 形容動詞　元気だと | → | 終止形：元気だ | 連体形：元気な | → | 終止形接続 |

　しかし、形容動詞も万能ではありません。単語が「だろう」に続くときの活用形は、この形容動詞でも判別できません。そのようなときは、「べき」か「べし」かを入れてみましょう。「べし」は、現代語で唯一、終止形と連体形が異なる助動詞です。

　　　○べきだろう（連体形）　　×べしだろう（終止形）　　→　連体形接続

　これでも判別できないのが、「まで」の前の活用形です。「べきまで」と言わないからです。このときは、格助詞「まで」の前に来るのは名詞だから、「まで」の前の動詞も名詞相当。そのため、連体形に接続すると考えるというように意味の面から判断します。
　同じ環境では同じ活用形を要求するというのが文法の原則ですが、「ない」に続く形だけは例外です。動詞に付く助動詞の「ない」は未然形接続ですが、形容詞の場合には、連用形接続です。これら2つの「ない」は、語源が異なるため品詞が違います《➡ 国 p. 21》。

Think 問題③

次の作文の「誤り」を、活用という観点から指摘しましょう。
（1）　じょうずに着らなかった。（小2）
　　　　　　　　　　　　　この子自身が、どのように表現したかったのかを、まず考えます。

（2）　（授業の感想）予習をしずに授業に出たら、何も書けれんかった。（大学生）
　　　　　　　　　　　　方言だからだめなのではなく、書きことばとしてどうあるべきかを考えます。

Connect 古典文法と比較してみよう

現代語の動詞活用を、古典語のものと比べてみましょう。
同じ意味の動詞が、どのように活用の種類を変えたか考えてみましょう。

古典語		現代語	
四段	行く、立つ、飛ぶ…	五段	行く、立つ、飛ぶ…
ナ変	死ぬ、往ぬ		死ぬ、　　　蹴る
ラ変	あり、をり、はべり…		ある、(おる)…
上一段	射る、見る、着る、似る…	(上)一段	射る、見る、着る、似る…
上二段	起く、恥づ、老ゆ…		起きる、恥じる、老いる…
下一段	蹴る	(下)一段	
下二段	受く、与ふ、寝…		受ける、与える、寝る…
サ変	す、おはす	サ変	する
カ変	来	カ変	来る

一段動詞系の活用表を比べてみましょう。

【古典語】

	上二段活用	上一段活用
基本形	起く	見る
語幹	お	(み)
未然形	ーきー	みー／ーズ／ーム
連用形	ーきー	みー／ーキ／ータリ
終止形	ーく	みる／ー。
連体形	ーくるー	みるー／トキ
仮定形	ーくれー	みれー／ードモ
命令形	ーきよ	みよ／ー。

【現代語】

	上一段活用
基本形	起きる／見る
語幹	お／(み)
未然形	ーきー／みー／ーナイ／ーヨウ
連用形	ーきー／みー／ーマス／ータ
終止形	ーきる／みる／ー。
連体形	ーきるー／みるー／トキ
仮定形	ーきれー／みれー／ーバ
命令形	ーきろ／ーきよ／みろ／みよ／ー。

一般に動詞はウ段で終わりますが、ラ変のみイ段の「り」で終わります。これには、形容詞の終止形同様、イ段が状態性を示すためという説があります。

Action 身近な日本語から考えてみよう

活用がわかるとどのようなよいことがあるでしょうか。

ひとつは、§1でも述べましたが、新しいことばができても自由に活用させて使えることです。大正時代から使われるようになった「サボる」を、「サボらない」や「サボろう」のように活用できるのも、この動詞をラ行五段活用であると捉え、そのルールに則って変化させているからです（ちなみに、「サボ」は、フランス語のsabotage に由来します）。

身近な新しい動詞を見つけて、その活用の種類を考えてみましょう。

―――――――――――――――――――――――――――
―――――――――――――――――――――――――――
―――――――――――――――――――――――――――
―――――――――――――――――――――――――――

もうひとつは、意味を正しく理解できる点です。

古典文法を模して作った擬古文は、現代でもよく使われます。またJ-POPでも、「止めど流るる涙」の「流るる」や「夕焼け色に染まるる街」などの表現が使われますが、現代語ではないため、やはり活用という文法的知識から正しい意味を知る必要があります。

「流るる」は、「流る」という下二段活用動詞の連体形で、意味は「流れる」と同じであるのに対し、「染まるる」は、「染む」という四段活用動詞の未然形に自発の助動詞「る」の連体形「るる」が付いたもの。つまり、「自然と染まる」という意味なのです。

活用を正しく知ることは、日本語を正しく理解し表現する基礎なのです。

自分が知っている曲などの中で見つけた擬古文について、活用を考えた上で意味を考えてみましょう。

Column 日本語教育の活用表

日本語を学ぶ外国人の間では、右のような活用表も使われています。動詞を子音動詞と母音動詞に分け、ヨーロッパの言語のように、直説法、推量法、命令法、仮定法、分詞に活用させています。

学校文法の活用表が、絶対に正しいというわけでも、右のような日本語教育の活用表がよりよいというわけでもありません。整理の方法は、いろいろあるということです。

バーナード・ブロックの動詞活用表

		子音動詞	母音動詞
語幹		kak-	tabe-
直説法	非過去	-u	-ru
	過去	-ta	-ta
推量法	非過去	-oo	-yoo
	過去	-taroo	-taroo
命令法		-e	-ro
仮定法	予想	-eba	-reba
	条件	-tara	-tara
分詞	不定法	-i	-φ
	動名詞	-te	-te
	選択	-tari	-tari

Block, B (1946) *Studies in colloquial Japanese, Part 1, Inflection.* より筆者訳。

§2 活用

Question 発展問題

(1) 五段動詞が接続助詞の「て」や助動詞の「た」に続くときに、「書く」が「書いた」、「飛ぶ」が「飛んだ」のように音便形になることがあります。カ行（書く）、ガ行（泳ぐ）、サ行（出す）、タ行（立つ）、ナ行（死ぬ）、バ行（飛ぶ）、マ行（読む）、ラ行（知る）、ワ行（洗う）と、9行ある五段動詞が、どのような音便形になるかをまとめてみましょう。また、音便形にならない行があるのは、なぜかを考えてみましょう。

(2) 同じ「活用」と呼んでいても、言語ごとにかなり違います。イタリア語の活用表を参考にしながら、「活用」とは何かを考えてみましょう。

人称	直説法			
amare（愛する）	現在	半過去	遠過去	未来
io（私が）	amo	amavo	amai	amerò
tu（君が）	ami	amavi	amasti	amerai
lui（彼が）	ama	amava	amò	amerà
noi（私たちが）	amiamo	amavamo	amammo	ameremo
voi（君たちが）	amate	amavate	amaste	amerete
loro（彼らが）	amano	amavano	amarono	ameranno

Reflection

学習して深まったことをまとめましょう。疑問・質問があれば、書き留めておきましょう。

＿＿＿＿・＿＿・＿＿

§3 文の組み立て

Point 基本の確認

ねえ、この池では、よく魚が釣れるそうだね。

§1では、上の文を単語に切りました。

ねえ／この／池／で／は／よく／魚／が／釣れる／そうだ／ね／

昔の国語教科書には、このように単語で切るものもありましたが、今の学校文法では、**文節**という単位をことばの基本単位として考えます。小学校低学年の国語教科書では、次のように文節に切って示します（網掛けは付属語を示します）。

ねえ｜この｜池では｜よく｜魚が｜釣れるそうだね｜

文節は、教科書などで「意味をこわさない程度に区切った最小のことばの単位」などと説明されますが、実際は、自然に息継ぎが入る発音上のまとまりです。文節を区切るとき、間投助詞の「ね」を入れるのは、この息継ぎを確かめるためです。

文節は、自立語単独か、あるいは自立語にいくつかの付属語が付いて成り立っています。文節に分けると、文節同士の関係を正しく掴み、文の構造をよりよく理解することができます。

Think 問題①

次の文を文節に切りましょう。

(1) 先生は、教室で子どもたちに作文の感想を書いているはずです。

(2) あの木には、赤くて大きなりんごがなるそうだ。

Answer 解説①

文節に分ける際に、迷ったことは何ですか。

> ☐ 「書いている」をひとまとまりとするかどうかで迷った。
> ☐ 「はずです」が、付属語なのかどうなのかわからなかった。
> ☐ 「あのね」とすると意味が変わってしまうので、「あの」が切れなかった。

おおよそ「ね」のような間投助詞を入れてみることで、自然な音の区切りを得ることができます。

(1) 先生は_ね 教室で_ね 子どもたちに_ね 作文の_ね 感想を_ね <u>書いているはずです</u>①

(2) <u>あの木には</u>②_ね 赤くて_ね 大きな_ね りんごが_ね なるそうだ

しかし、この方法で迷う箇所が2箇所あります。

①の「書いている」には、ふつう息継ぎが入りません。しかし、学校文法では、「書いて」と「いる」が別の文節に分けられます。これは、学校文法が**語源重視**だからです。また、「はず」も、語源的に名詞であるため、自立語として別の文節になります。

> 学校文法は、古典文法が基礎にあります。語源重視であるのは、必然とも言えます。一方、日本語学習者向けの日本語文法は、実際に使えることを重視します。「書いている」を「書く」の進行形と捉えたり、「はずです」を助動詞相当と捉えたりします。

「ね」で切りにくいのが②の連体詞です。「この」「あの」「その」などは、次の名詞といっしょに発音したくなりますが、自立語です。

以上を踏まえて学校文法の枠組みで文節に分けてみると、次のようになります。

(1) 先生は│教室で│子どもたちに│作文の│感想を│書いて│いる│はずです
(2) あの│木には│赤くて│大きな│りんごが│なるそうだ

Think 問題②

上の(1)の文のそれぞれの文節が、どの文節とどのような関係をもっているか考えましょう。

Answer 解説②

(1)の述語は、「書いて」です。この「書いて」に係っていく文節は以下の通りです。

先生は　教室で　子どもたちに　作文の　感想を　書いて　いる　はずです。

「書いて」という用言に係っていく修飾を連用修飾と呼ぶのならば、矢印の文節はすべて、「書いて」という文節と連用修飾の関係です。しかし、学校文法では、「先生は」と「書いて」だけを、特別に、**主語と述語の関係（主述の関係）**と呼びます。

> 主語を特別扱いするのは、西洋語のような、主語に合わせて動詞が活用する言語のやり方を真似たものです。日本語では、連用修飾の関係のうち、特別な場合を、主語と述語の関係と呼んでいると理解しましょう《➡ 主語を区別する必要性については、国 p.30 を参照》。

一方、「書いている」は、「書いて」と「いる」という2文節が、補助の関係にあります。補助の関係については、§12の補助動詞を参照してください。

文節は、基本的に音声的な単位ですが、一部に語源的な考え方がもちこまれています。細かな文節間の関係を知っても、あまり意味のないものもあります。文節を考えるときは述語との関係を中心に見ていけばよいでしょう。

Think 問題③

次の作文の「誤り」を、主語と述語の関係という観点から指摘しましょう。

(1)　最後に行った所は奈良国立博物館に行きました。（小6）

　　　　　　　　　主述のねじれがないよう整える方法はいろいろあります。

(2)　近くの図書館は、県内有数の児童書があります。（大学生）

　　　　「あります」という存在を表す動詞にふさわしい格（「が」「を」「に」…）を考えます。

§3 文の組み立て

Connect 古典文法と比較してみよう

次の文は、紫式部『源氏物語　桐壺』の一部です。古文と現代語訳を比べながら、主語と述語の関係を考えてみましょう。なお、下線は主語、破線は桐壺帝の行為を示します。

月日経て、若宮まいり給ぬ。いとゞこの世の物ならず、きよらにおよすげたまへれば、いとゆゝしうおぼしたり。明くる年の春、坊定まり給にも、いと引越さまほしうおぼせど、御後見すべき人もなく、又世のうけひくまじきこと成ければ、なかゝあやうくおぼし憚りて、色にも出ださせ給はず成ぬるを、「さばかりおぼしたれど、限りこそ有けれ」と世人も聞こえ、女御も御心をちゐ給ぬ。

（『源氏物語　桐壺』岩波書店　新日本古典文学大系 19 より）

幾月かののちに第二の皇子が宮中へおはいりになった。ごくお小さい時ですらこの世のものとはお見えにならぬ御美貌の備わった方であったが、今はまたいっそう輝くほどのものに見えた。その翌年立太子のことがあった。帝の思召しは第二の皇子にあったが、だれという後見の人がなく、まただれもが肯定しないことであるのを悟っておいでになって、かえってその地位は若宮の前途を危険にするものであるとお思いになって、御心中をだれにもお洩らしにならなかった。東宮におなりになったのは第一親王である。この結果を見て、あれほどの御愛子でもやはり太子にはおできにならないのだと世間も言い、弘徽殿の女御も安心した。

（与謝野晶子（訳）『全訳　源氏物語―　新装版』より）

Column 語順

日本語は「主語、目的語、動詞」の順で、英語は「主語、動詞、目的語」の順。皆がよく知る語順の違いです。では、世界には、日本語型の語順をもつ言語と、英語型の語順をもつ言語のどちらが多いでしょうか。実は、日本語と同じ動詞が最後に来る言語のほうが多いのです（角田太作(2009)『世界の言語と日本語　改訂版』くろしお出版）。

動詞が最後に来る言語では、形容詞が名詞の前に置かれますが、動詞が主語の次に来る言語では、形容詞は名詞の後に置かれます。英語はこの原則に合わない部分もありますが、フランス語やタイ語は、この原則に合っています。

このような、言語の親族関係を越えて、世界のさまざまな言語に当てはまる特徴を探る学問分野である言語類型論は、人間の思考の根源を教えてくれる学問分野です。

Action 身近な日本語から考えてみよう

　小学校2年生では、主語と述語を学びます。国語教科書の多くは、「『は』や『が』が付くことばが主語」と説明しています。

　しかし、主題である「は」は、多く「が」で表される主語とは、異なる概念です。これを、高校教科書の定番文学作品である『山月記』で見てみましょう。

　最後の文の主語は何でしょうか。自分の考えを述べましょう。

> 虎は、あわや袁傪に躍りかかるかと見えたが、忽ち身を翻して、元の叢に隠れた。叢の中から人間の声で「あぶないところだった」と繰返し呟くのが聞えた。その声に袁傪は聞き憶えがあった。
>
> （中島敦『山月記』）

_____
_____
_____
_____

　この文では、「は」も「が」も使われています。「何がどうだ」という場合の「何が」が主語であるという小学校での説明に則れば、「あった」のは「聞き覚えが」ですから、「聞き覚えが」が主語と考えることができます。

　しかし、多くの人は、「袁傪は」が主語だと答えるでしょう。ここでは「袁傪」に対する尊敬の意味を込めて、「袁傪（に）は聞き覚えがおありだった」と言うことができます。尊敬語は、主語に対する敬意を表しますから、「〜が」ではなく、「〜（に）は」の部分が主語だと言えるのです。

　言語学では、「象は鼻が長い」という構文が有名です。「象は」は主題で、「象について話しますよ」と提示したにすぎません。「長い」のは何かと問われれば「鼻が」となり、主語は「鼻が」であると考えることができます。

　このほか、『山月記』は、最初の段落で多くの主語の省略が見られ、後半は、「己」の繰り返しが見られます。主語の顕在と省略という観点から見てみてもおもしろい作品です。

　さまざまな小説で、主語の表し方を考えてみましょう。

§3 ── 文の組み立て

Question 発展問題

(1) 「小林さんには、子どもが二人いる。」という文の主語は何でしょうか。根拠を挙げて考えてみましょう。

(2) 日本語の主語と英語の主語とでは、どのような特徴の差がありますか。語順、動詞との呼応の観点から考えてみましょう。

Reflection

学習して深まったことをまとめましょう。疑問・質問があれば、書き留めておきましょう。

§4 格助詞

Point 基本の確認

この池では、変な魚が釣れるそうだから、ぼくは釣りをしたくないな。

　学校文法では、名詞に付いてほかの文節との関係を表す語を**格助詞**と呼びます。上の文では、「(池)で」、「(魚)が」、「(釣り)を」が格助詞です。「(ぼく)は」や「(ない)な」は、助詞の仲間ですが、それぞれ、副助詞《➡§5》と終助詞《➡§14》です。
　格助詞は、名詞と述語を結ぶ格助詞と、名詞と名詞を並べる格助詞に分けられます。学校文法で教えられる格助詞は、次の通りです。

　　　名詞と述語を結ぶ格助詞　：が、を、に、へ、と、から、より、で
　　　名詞と名詞を並べる格助詞：の、と、や

　「の」には、「雨の降る日」のように、名詞修飾節内だけで主語になる用法もありますが、基本的には2つの名詞を多様な意味で結ぶ格助詞です。「と」には、「Aさんと結婚する」のような連用用法と、「本とノート」のような並立用法があります。
　格助詞を正しく用いることができると、文のさまざまな名詞と、動詞など述語との関係が明確になります。

Think 問題①

次の文で使われている格助詞に下線を引き、その意味を自分のことばで言いましょう。

(1)　私は、家から駅まで1時間かけて歩いて、友だちにまで感心された。

(2)　3月に先生に言われたことばに感動してから、課題に真剣に取り組んだ。

§4 格助詞

Answer 解説①

格助詞を考える際に迷ったことは何ですか。

- ☐ 「は」は、「が」と同じく主語を表すのに格助詞じゃないの？
- ☐ 「まで」が格助詞なのか副助詞なのか迷った。
- ☐ 名詞に付かない「から」も、格助詞なのだろうか。

前のページの文から格助詞（■部分）を抜き出してみると、次のようになります。

(1) 私は、家から駅まで1時間かけて歩いて、友だちにまで感心された。
　　　　　起点　到着点　　　　　　　　　　　受身動作主

(2) 3月に先生に言われたことばに感動してから、課題に真剣に取り組んだ。
　　　時間　受身動作主　　　　　　起因　　　起点　　対象

「は」は、「彼は渡した」と主語になっていることから、格助詞と考えられるかもしれませんが、あくまで格助詞（この場合「が」）などの代わりとして用いられている副助詞《➡§5》です。

　連用的な格助詞は、名詞と述語との意味的関係を表します。この意味で「駅まで歩く」の「まで」も格助詞ですが、学校文法では、誤って副助詞に分類されています。

> 『明鏡国語辞典』など、この用法の「まで」を、格助詞と明確に位置づけている辞書もあります。

「感動してから」の「から」は、「午後から」の「から」と同様、格助詞と考えます。また「に」には多様な意味があります。できるだけ区別できることばで表現しましょう。なお、「真剣に」の「に」は、形容動詞の連用形です。

Think 問題②

次の2文の意味の違いを考えましょう。

(1) a. 船が港を出た。
　　 b. 船が港から出た。

(2) a. 卓球は第2会場にある。
　　 b. 卓球は第2会場である。

(3) a. コーヒーがいいです。
　　 b. コーヒーでいいです。

Answer 解説②

　格助詞は、それが付く名詞と、述語など他の語との関係を表す小辞です。そのため、「太郎が本を買う」のように、名詞と他の語との関係が一義的であれば、基本的にひとつの格助詞が選ばれます。

　しかし、複数の格助詞が使用可能で、それぞれに意味が微妙に異なることもあります。「船が港を出た」の「を」も、「船が港から出た」の「から」も、出所という意味をもつ点で共通していますが、「港を出る」の方はゴールへ向かう感じがするのに対し、「港から出る」は「港という範囲から出る」だけで湾外に留まっているように感じられます。

　存在場所を表す「〜に(ある)」と動作場所を表す「〜で(ある)」は、英語などの言語では区別されませんが、日本語では決定的に区別されます。このことから、逆に「〜にある」の場合は主語が「物」で、「〜である」の場合は主語が「できごと」であるように感じられます。つまり、(2a)の「卓球」は、「卓球に関する商品」など「物」と解釈され、(2b)の「卓球」は、「卓球の試合」などの「できごと」と解釈されるのです。

　さらに、「コーヒーがいい」は、希望する対象を言明していますが、「コーヒーでいい」は、不満足を匂わせています。「で」は、この場合、ある段階(場所)にあるものとして捉えていることを示しています。中途段階だから不十分と解釈されるというわけです。

　日本語は、格助詞ひとつでさまざまなできごとをきめ細かく表せる言語です。

Think 問題③

次の作文の「誤り」を、格助詞の観点から指摘しましょう。

(1) 全校発表で、学校のシンボルである大銀杏のことが2年生の子はまだ知らないから大銀杏のことを中心に話したい。(小6)

　　　　　なぜ「が」を使ったか児童の意図を考えて指導の観点をもちましょう。

(2) 近郊の都市で住んで都会の会社で勤めている人が増えている。(一般成人)

　　　　　最近多くなっている言い方です。誤りと捉えていない人もいるかもしれません。

§4……格助詞

Connect 古典文法と比較してみよう

古典文法の格助詞を、2種類の現代語文法の格助詞と比較してみましょう。また、現代語文法でも、国語教育で用いられる学校文法と、日本語教育などで用いられる現代日本語文法との違いも考えてみましょう。

古典文法

助詞	意味
が の	① 主語　② 連体修飾語 ③ 同格（いとやむごとなき際にはあらぬがすぐれて時めきたまふありけり） ④ 体言の代用　⑤ 比喩
を	① 動作の対象　② 動作の起点 ③ 経過する場所・時
に	① 場所・時　② 帰着点・対象 ③ 変化の結果　④ 動作の目的 ⑤ 原因・理由 ⑥ 受身・使役の対象 ⑦ 比較の基準　⑧ 添加
へ	方向
と	① 動作を共にする相手 ② 変化の結果 ③ 比較の基準（昔の夕顔と劣らじ） ④ 比喩（泣く涙雨と降らなむ） ⑤ 引用　⑥ 並列
より	① 動作の起点　② 経過する場所 ③ 比較の基準 ④ 手段・方法（徒歩よりまうでけり） ⑤ 即時（名を聞くより、やがて面影は推し測らるる心地するを、）
から	動作の起点
にて	① 場所・時　② 手段・材料 ③ 原因・理由
して	① 手段・方法（およびの血して書きつけける） ② 共に動作をする相手（一人二人して行きけり） ③ 使役の対象（人して惟光召させて）

黒川行信（編著）『七訂版 読解をたいせつにする体系古典文法』（数研出版）より抜粋

学校文法

助詞	意味
が	① 主語　② 対象語
の	① 連体修飾語　② 主語 ③ 並立　④ 体言化
を	① 対象語　② 通過場所・時 ③ 動作・作用の起点
に	① 場所・時・帰着点 ② 変化の結果　③ 動作の目的 ④ 受身・使役の動作主 ⑤ 並立（添加）
へ	① 動作の方向　② 動作の帰着点
と	① 動作の相手 ② 動作や作用の結果 ③ 引用　④ 並立
から	① 動作・作用の起点 ② 動作・作用の原因・理由 ③ 材料
より	① 動作・作用の起点 ② 動作・作用の原因・理由 ③ 材料　④ 比較の対象
で	① 場所　② 手段・材料 ③ 原因・理由　④ 時限
や	並立

さまざまな中学参考書を参照

現代日本語文法

助詞	意味
が	① 動作・状態の主体 ② 感情・状態の対象
を	① 対象 ② 経過する場所／時間 ③ 出所 ④ 視覚動作の方向
に	① 対象　② 存在場所 ③ 時間 ④ 到着点／受け手／変化結果 ⑤ 移動の方向　⑥ 出所 ⑦ 割合の分母（3日に1回） ⑧ 受身・使役の動作主 ⑨ 原因・理由
へ	① 到着点 ② 方向
で	① 場所 ② 材料 ③ 手段・道具 ④ 原因・理由 ⑤ 範囲 ⑥ 限界点 ⑦ まとまり ⑧ 内容
と	① 共同動作の相手 ② 異同の対象
から	① 起点 ② 材料 ③ 変化前状態 ④ 判断の根拠 ⑤ 遠因
より	比較の対象 「から」①〜⑤の用法
まで	着点

例文は、国 p. 41

まず、個別の格助詞があるかないかを考えてみましょう。また、それぞれの表の順番には理由があります。学校文法で「で」が最後の方に置かれている理由なども考えてみましょう。

Column 主格、主語、動作主体

主格と主語、そして動作主体。これらは、似て非なる概念です。

「格」とは形式です。西洋語では、主格、対格、与格などの名称が用いられますが、日本語では、ガ格、ヲ格、ニ格など、具体的な形式で名前で表すこともあります。

「主語」とは、文中でのその名詞句の機能です。日本語では、主語が敬意の対象となる場合に動詞が尊敬語の形になるなど、主語独自の文法機能が認められます。

「動作主体」や「動作対象」などは、名詞の文中における意味役割です。

上に挙げた学校文法の表では、形式である格に対し、文法機能と意味役割が混在して示されています。ガ格が必ずしも主語になるわけではなく、二格の存在場所が主語になることもあります。文法にはさまざまなレベルがあります。

Action 身近な日本語から考えてみよう

　無意識に歌っている童謡の中にも、この格助詞がなぜ選ばれたのだろうと考えたくなる歌詞があります。

　もっとも解釈が多様で戸惑うのが「に」です。

　左ページに挙げた格助詞の意味を参照しながら、童謡「紅葉」に見られるそれぞれの「に」がどのような意味をもつか考えてみましょう。

　どれかひとつの意味に決まらないものもあります。その理由も考えましょう。

①_____
②_____
③_____
④_____
⑤_____

秋の夕日①に照る山紅葉、
濃いも薄いも数ある中②に、
松をいろどる楓や蔦は、
山のふもとの裾模様。

渓の流れ③に散り浮く紅葉、
波④にゆられて離れて寄って、
赤や黄色の色さまざまに、
水の上⑤にも織る錦。

（童謡「紅葉」）

　「波にゆられて」と言うか「波でゆられて」と言うかでも、印象は変わってきます。似た意味をもつ格助詞と比較しながら意味を考えていくのもよいでしょう。

　最近のJ-POPでも、ふだんあまり気に留めない格助詞に改めて着目してみると、歌詞が奥深く感じられるかもしれません。自分の好きな歌の格助詞に着目して考えてみてください。

§4 格助詞

Question 発展問題

(1) 「まで」は、なぜ学校文法で副助詞とされるのでしょうか。一方で、格助詞として扱うことは、どのような利点があるのでしょうか。考えてみましょう。

(2) 「私が」「私の」「私を」を、英語の 'I'、'my'、'me' と比べてみましょう。この比較を通じて、「私が」を「私」と「が」の2語とする利点と欠点を考えてみましょう。

Reflection

学習して深まったことをまとめましょう。疑問・質問があれば、書き留めておきましょう。

_____・____・____

§5 副助詞

Point 基本の確認

この池では変な魚が釣れるそうだから、ぼくは釣りをしたくないな。

　この文には、2回「は」が出てきます。「この池では」は、「この池で変な魚が釣れる」の「この池」について述べますよと言って取り上げていますし、「ぼくは」は、「ぼくが釣りをしたくない」ことを「ぼく」を主題として取り立てて述べています。
　この「は」のように、「で」や「が」のような格助詞の付いた文節に付け加えられたり置き換えられたりする助詞を、学校文法では**副助詞**と呼びます。
　副助詞には、主題のほか、対比、並立、限定、極端な例のとりたて、意外さ、際立たせなど、話し手の主観的な捉え方を名詞句に付け加える助詞に加え、おおよその程度や例示など、その名詞句の周囲にあるものを想起させるものもあります。

Think 問題①

次の文で使われている副助詞に下線を引いて、意味を言いましょう。
(1)　前回、海にまで行って雑魚さえ釣れなかった。今度こそ、鯛なんか釣ってみたい。

(2)　教室では、先生も鉛筆しか使わない。だから、僕も、鉛筆を5本ほどは持っている。

§5……副助詞

Answer 解説①

副助詞を考える際に迷ったことは何ですか。

> □ まだ、格助詞と副助詞の区別がうまくできない。
> □ 主観的な意味のない「ほど」は、副助詞に分類すべきなのかよくわからない。

　文中で、主に動詞との意味的な関係を表す格助詞は、ほかの格助詞に置き換えると意味が変わります。一方、副助詞は、あくまで文節に話し手の捉え方を付け加えるだけで、その文節と動詞との意味的関係を変えません。
　「海にまで行って」では、「に」が格助詞で「まで」は副助詞です。
　副助詞が付け加える捉え方は、限定や意外さなど、主観的なものが多いですが、概数のような幅を表すものや、「は」のような主題も、副助詞に含まれます。
　(1)(2)の副助詞を機能とともに挙げておきます（参考までに格助詞◯も示します）。

(1)　前回、海にまで行って雑魚さえ釣れなかった。今度こそ、鯛なんか釣ってみたい。
　　　　　　　意外な要素　　極端な例　　　　　　　　　　際立たせ　　例示

(2)　教室では、先生も鉛筆しか使わない。だから、僕も、鉛筆を5本ほどは持っている。
　　　　主題　並立　限定　　　　　　　　　　並立　　おおよその程度　最低の数量

Think 問題②

各組の意味の違いを考えてみましょう。

(1)　a. 君だけを愛している。
　　　b. 君しか愛していない。

(2)　a. あなたの病気は、この薬でだけ治ります。
　　　b. あなたの病気は、この薬だけで治ります。

Answer 解説②

(1)は、a, bどちらも、限定の副助詞を用いて、「君」を限定して示していますが、限定の意味が少し違います。

「だけ」は、後ろに否定がないことからもわかるように、積極的な限定です。あまたの人がいる中で、その人にだけスポットライトが当たるような限定をイメージできます。一方、「しか～ない」は、ほかの該当候補を否定した限定です。

<u>印象を述べるだけでは、文法になりません。後続する文の続きやすさを比較するなどして、論理的根拠を示します。</u>

　　　a'．君だけを愛している。だから、君にこのバラをプレゼントするよ。
　　　b'．?君しか愛していない。だから、君にこのバラをプレゼントするよ。

「しか～ない」を使ったb'は、消極的な愛に感じられるため不自然な印象を受けます。

(2)はどうでしょうか。「でだけ」は、手段の限定です。この薬以外に治る方法がないことを意味します。一方、「だけで」は、この薬以外に必要な薬がないという意味です。このように何を限定するかが、語順によって異なる場合もあります。

Think 問題③

[　]内の副助詞を使って表現しましょう。

(1) 南大門にある像は本当に恐い表情でぼくの方をにらんでいたようです。[さえ]

(小6)

(2) 一日目で一番思い出に残ったのは銀閣寺でした。[こそ]（高校生）

§5……副助詞

Connect 古典文法と比較してみよう

　古典文法の副助詞は、一般に、下に挙げた8つとされます。現代語の副助詞と比べるとかなり少ないのは、係助詞の「ぞ、なむ、や、か、こそ、は、も」の一部が、現代語において副助詞に合流したためです。

　江戸時代以降にできた副助詞も多くあります。格助詞の「で」＋「も」からできた「でも」が限定や極端な例を表すようになったり、名詞の「丈」、「位」、「程」から限定の「だけ」やおおよその程度を表す「くらい」「ほど」が転成したりしました。

　古典文法で副助詞に分類される語について、現代語の対応する表現と比較してみましょう。

形式	意味	例文	現代語訳
だに	① 最低限（〜さえ） ② 最小限の希望（せめて〜だけでも）	光やあると見るに、蛍ばかりの光だになし［竹取］ 散りぬとも香をだに残せ梅の花［古今］	蛍の光ほどの光さえない せめて香だけでも
すら	極端な例のとりたて（〜すら）	聖などすら、前の世のこと夢に見るは、いと難かなるを［更級］	高僧などですら
さへ	添加（〜までも）	雨風、岩も動くばかり降りふぶきて、神さへ鳴りてとどろくに［更級］	雷までも鳴り響く
のみ	① 限定（〜だけ） ② 強意（とりわけ）	ただ波の白きのみぞ見ゆる［土佐］ 月、花はさらなり、風のみこそ、人に心はつくすめれ［徒然］	白い波だけが見える とりわけ風は
ばかり	① おおよその程度（〜ほど） ② 限定（〜だけ）	三寸ばかりなる人、いとうつくしうてゐたり［竹取］ 我ばかりかく思ふにや［徒然］	三寸ほどの人 私だけが
など	① 例示（〜など） ② 引用（〜などと） ③ 婉曲（〜など）	日入りはてて、風の音、虫の音など、はたいふべきにあらず［枕］ 男たちの心慰めに、漢詩に「日を望めば都遠し」など言ふなる言のさま聞きて［土佐］ いくつにか、御年などはと問ひけり［蜻蛉］	虫の音など などと 年齢などは
まで	① 程度（〜ほど） ② 添加（〜までも） ※ 着点・範囲は格助詞用法	いまめかしうをかしげに、目も輝くまで見ゆ［源氏］ 人々の上まで思しやりつつ［源氏］ 今日までながらへはべりにけるよ［源氏］	目も輝くほど 人々のことまでも 今日まで
し	強調	名にし負はばいざこと問はむ都鳥わが思ふ人はありやなしやと［伊勢］	名として持っているならば

意味は、現代日本語文法でよく使われる意味を当ててあります。

Column 統合的関係と連合的関係

　言語表現を織りなす縦糸と横糸を考えてみましょう。本書の場合、基本、横書きですから「ぼくは本を読んだ」という文の横糸は、「読む」という動詞と「ぼく」「本」という名詞との関係と捉えられます。この関係は格助詞によって示されます。このような関係を統合的関係といいます。

　副助詞は、縦糸です。「ぼくは本だけ読んだ」という場合、副助詞「だけ」は、数ある候補の中から「本」だけを浮かび上がらせます。このような縦糸による関係を連合的関係と呼びます。

　横糸は確かさを、縦糸は豊かさを紡ぐ、大切な要素です。

Action 身近な日本語から考えてみよう

　どんな言語であれ、音声の方が情報量が豊富です。副助詞も、音声を変えると解釈が変わる場合があります。たとえば、「ぼくは、コンピュータが苦手です」を、「は」に音声的強調を置くことなく話せばふつうの文ですが、「は」を強めると、「ほかの人は得意だが」という対比の意味が出てきます。

　光村図書小学校国語の定番物語教材である「くじらぐも」の第一場面にも、この音声による違いが解釈に関わる箇所があります。

> 　一ねん二くみの 子どもたちが たいそうを していると、空に、大きな くじらが あらわれました。まっしろい くもの くじらです。
> 　「一、二、三、四。」
> 　くじらも、たいそうを はじめました。のびたり ちぢんだり して、しんこきゅうも しました。
> 　　　　　　　　　　　　　　　　　　　　（なかがわ りえこ「くじらぐも」）

「くじらも、たいそうを はじめました。」の「も」は、読み方によって意味が変わってきます。

音声的強調の有無によって、どのように意味が変わるか考えましょう。

　さまざまな文学作品の中の「は」や「も」に着目して、音声的強調のありなし、どちらで読むべきか考えてみましょう。

§5……副助詞

Question 発展問題

(1) 次に挙げる児童の作文を参考に、文中で主題の置かれる位置や、文中における主題の使用制限について考えてみましょう。

① 朝は、カエルはまったく鳴いていませんでした。昼は、3匹ぐらい鳴いていました。(小4)

② ぼくは、このまえ川に行ったときに、こいがたくさんいました。(小4)

主題を、ほかの副助詞と同じ分類として扱うべきかも考えてください。

(2) 次の 'only' は、日本語でどのような意味ですか。また、この意味の違いから、「だけ」と「しか〜ない」の違いを考えてみましょう。

① Only you can save me.

② I have only enough income to scrape by.　　　scrape by＝どうにかやっていく

Reflection

学習して深まったことをまとめましょう。疑問・質問があれば、書き留めておきましょう。

＿＿＿＿・＿＿＿・＿＿＿

§6 接続助詞

Point 基本の確認

この池では変な魚が釣れるそうだから、ぼくは釣りをしたくないな。

「この池では変な魚が釣れるそうだ」が理由になって「ぼくは釣りをしたくないな」と述べる場合、接続助詞の「から」が、理由を表す節（前件）と、主として言いたいことを表す節（後件）を、意味的に結びつけます。

学校で習う接続助詞は、語源的に助動詞や名詞であったものを排除していますが、語源よりも機能を重視して、広く接続表現として捉える立場もあります。なお、接続助詞は、ひとつの形式が複数の意味をもつのがふつうです。下の表では、代表的な機能の箇所に配置してあります。

接続表現の種類

代表的な機能	学校文法の接続助詞	広義の接続表現
仮定の順接	と　　ば	たら　　なら
確定の順接（原因・理由）	から　　ので　　もので	せいで　ために　ゆえに
確定の逆接	が　　けれど　　ものの のに　　ても　　ところで	
そのほか	して　　て ながら　　たり	とき　　あいだ

Think 問題①

次の文で使われている接続助詞に下線を引いて、意味を言いましょう。

(1) 呼ばれたら返事をしろと言われたものの、熱中していてしなかった。

(2) 一生懸命やったから、負けても悔しくない。

§6 接続助詞

Answer 解説①

接続助詞を考える際に迷ったことは何ですか。

> ☐ 「たら」は、国語教科書の接続助詞の表にないけれど、接続助詞なの？
> ☐ 「熱中していて」の「て」の扱いに困った。
> ☐ 「負けても悔しくない」の「ても」は、一語か二語かよくわからない。

「たら」は、語源的に助動詞「た」の仮定形です。そのため、学校文法では接続助詞に含めません。しかし、働きとしては、条件（仮定の順接）を表す接続表現と考えます。

補助の関係を表す「て」は、原因・理由や条件などを表す接続助詞と異なり、2つの節を結びつける働きをもちません。語源的には接続助詞であっても、機能としては「ている」全体で助動詞相当と考えた方が合理的です《➡ §12》。

「ても」は、接続助詞と捉えている辞書もあれば、語源的に2語と捉えているものもあります。機能としては、確定の逆接のほか、仮定の逆接も表します。

> 学校文法は形式重視で語源重視です。歴史を尊重する立場として理解しつつも、接続表現としての機能を中心に捉え、作文や読解に役立てましょう。

学校文法の接続助詞を■で示し、広義での接続表現を◯で示します。

(1) 呼ばれ⟨たら⟩返事をしろと言われた⟨ものの⟩、熱中してい⟨て⟩しなかった。
　　　　　　　　　　　　　　確定の逆接　　　　　補助用言　確定の順接（理由）
　　　　　　　　　　　　　　　　　　　　　　　　に続く

(2) 一生懸命やった⟨から⟩、負け⟨ても⟩悔しくない。
　　　　　　　　　確定の順接（理由）　仮定あるいは確定の逆接

Think 問題②

a〜cそれぞれには、右のどの表現が、より自然に続きますか。考えましょう。

(1) a. 大雨が降ったから、　　　　　・部活に行かないで帰ろう。
　　 b. 大雨が降ったので、　　　　　・急に寒くなった。
　　 c. 大雨が降ったために、　　　　・はん濫警戒情報が発表された。

(2) a. 料理を作ったのに、　　　　　・食べてくれないの？
　　 b. 料理を作ったけど、　　　　　・食べてもらえなかった。
　　 c. 料理を作ったが、　　　　　　・客が来ず廃棄処分となった。

Answer 解説②

　日本語には、似た意味・機能をもった接続表現が複数あります。「から」「ので」「ために」は、いずれも原因・理由を表す表現です。
　複数の形式があることで、ニュアンスの差が生じやすくなります。
　「から」の後は、ふつう、主観的な表現が来ます。「だろう」や「かもしれない」という表現で話し手の判断を表したり、「～しよう」や「～したい」という表現で他者に働きかけたりする主観的表現が続きます。
　一方、「ので」は、比較的丁寧で中立な接続助詞で、「寒くなった」のように事実を描写する場合に用いられます。「ために」は、接続助詞ではありませんが、同様の働きをもつ接続表現で、より客観的で硬い文体で使われます。
　逆接の場合にも、「のに」の後には主観的な表現が続きますが、「けれど／けど」や「が」の後には主観・客観両方の表現が続きます。「が」は、「けれど」より硬い文体で用いられます。
　条件表現の「と」「ば」「たら」「なら」も同様です《➡ 国 pp.64-65》。
　このように、複数の似た意味・機能をもつ形式が、主観・客観の違いや文体差で使い分けられているため、日本語では、接続助詞を聞いただけで後におおよそどのような表現が来るかを予想できます。<u>多様な接続表現は、最後まで聞かなくても発言意図をおおよそ理解するための、日本語ならではの工夫なのです。</u>

Think 問題③

次の作文の「誤り」を、接続表現の点から指摘しましょう。

(1) 私の家には、毎年ツバメが巣を作ります。小さいころは気にしていなかったのに最近はツバメについて気になってきました。(小4)

　　　　　　　　「のに」と「けど」とを比較して、文脈に合う接続助詞を考えましょう。

(2) じょうし公園は、春になると、さくらがさいて花びらがおちてくると、すごくきれいです。(小4)

　　　　　　　大人もよくやる同じ意味の接続助詞の繰り返しです。どう回避するか考えましょう。

§6 接続助詞

Connect 古典文法と比較してみよう

　学校文法の接続助詞は、順接・逆接に、確定条件・仮定条件を組み合わせた分類を用います。これは、古典文法の分類が基礎になっているためです。

　古典文法における接続助詞の意味を考えて、現代語の接続助詞の分類と比較してみましょう。

形式	意味	例文	現代語訳
［未］＋ば	順接仮定条件（もし～ならば）	（春雨が）あすさへ降らば若菜つみてむ［古今］	降れば
［已］＋ば	順接確定条件 ① 原因・理由（～ので） ② 状況設定（～と） ③ 反復条件（～といつも）	いと若ければ籠に入れて養ふ［竹取］ 東の野にかぎろひの立つ見えてかへりみすれば月傾きぬ［万葉］ 父母を見れば尊し、妻子見ればめぐし［万葉］	若かったので 振り返ると 見るといつも
［終］＋と・とも	逆接仮定条件（～ても）	唐の物は、薬のほかは、なくとも事欠くまし［徒然］	なくても
［已］＋ど・ども	① 逆接確定条件（～けれど） ② 逆接恒常条件（～ても）	梯立ての倉梯山は嶮しけど、妹と登れば嶮しくもあらず［古事］ はふれにたれど、なほなまめかし［徒然］	険しいけれど 落ちぶれていても
［未］＋で	否定接続（～ないで）	え起き上がり給はで、船底に伏し給へり［竹取］	できなさらないで
［体］＋が	① 逆接確定条件（～が） ② 単純な接続（～が）	めでたくは書きて候ふが、難少々候へど［著聞］ （海に）落ち入りけるとき、巳の時ばかりなりけるが、日もやうやく暮れぬ［今昔］	ございますが であったが
［体］＋に｝格助詞から発達	① 発見の契機（～と） ② 原因・理由（～ので） ③ 逆接確定条件（～のに）	あやしがりて寄りて見るに筒の中光りたり［竹取］ 涙のこぼるるに、目も見えず［伊勢］ 十月つごもりなるに、紅葉散らで盛りなり［更級］	見ると こぼれたので あるのに
［体］＋を｝	① 単純接続（～と、～が） ② 順接の確定条件（～ので） ③ 逆接の確定条件（～のに）	垣のくづれより通ひけるを、度重なりければ［古今］ 世の中に物語といふもののあんなるを、いかで見ばや［古今］ まかでなむとし給ふを、暇さらに許させ給はず［源氏］	通っていたが あるそうなので なさるのに
［用］＋て	現代語と同じく多義	（略）	
［用］＋して	「て」と同じ	（略）（多く「～ずして」「～にして」の形で用いられる。）	
［用］＋つつ	① 反復（～ては） ② 付帯状況（～ながら） ③ 逆接（～ながらも）	野山にまじりて竹を取りつつ、よろづのことに使ひけり［竹取］ （水鳥が）水の上に遊びつつ魚を食ふ［伊勢］ ほととぎすひとり聞きつつ告げぬ君かも［万葉］	取っては 動き回りながら 聞きながらも
［用］＋ながら	① 付帯状況（～たままで） ② 同時（～ながら） ③ 逆接（～ながらも、～が）	露ながら折りてかざさむ菊の花［古今］ 食ひながら、文をも読みけり［徒然］ 昔、男ありけり。身はいやしながら母なむ宮なりける［伊勢］	露がついたままで 食べながら 身分は低いが
［体］＋ものの・ものを・ものから・ものゆゑ	逆接確定条件（～けれど）（「ものゆゑ」は中古以後順接の用法も）	つれなくねたきものの忘れ難きにおぼす［源氏］ 君にあはむと来しかひもなく別れぬるかな［土佐］ 月は有明にて、光をさまれるものから、影さやかに見えて［源氏］	恨めしいけれど 来たのに 薄らいでいるのに

　「雨が降ったので運動会が中止になった」のような原因・理由が、「順接確定条件」ということばの実感に合うのか、よりよい分類はないか、などということを考えてみましょう。

Column　接続助詞の周辺

　接続助詞は、節と節を結びつける働きにもっぱら使われる小辞ですが、この接続助詞のほかにも、節と節を結びつける形式があります。

　理由を表す場合、形式名詞に格助詞を付加した「ために」や「せいで」、「おかげで」なども用いられます。ほかに「だけに」のような副助詞と格助詞の組み合わせでも、原因が表されることもあります。

　また、名詞の「とき」や「間」、「前」、「後」なども、時を表す重要な接続表現です。特に、日本語では「買い物している間」と「買い物している間に」のように、格助詞の有無で、後に来る表現が変わるなど外国人を悩ませる区別もあります。

　語源に捕らわれず、広く機能面を考え、接続表現をうまく用いていきましょう。

Action　身近な日本語から考えてみよう

　書いてあることが事実なのか架空のことなのか。発達段階にある子どもたちや、日本語を母語としない外国人などは、難しいと感じることもあるようです。
　小学校4年生の国語教材ともなっている、あまんきみこ作「白いぼうし」は、タクシー運転手の松井さんが、子どもがぼうしの中に蝶を隠したとは知らずにそのぼうしを拾い上げ蝶を逃がしてしまったことが発端となり、不思議なできごとが起きる話です。

　　　「おや、車道のあんなすぐそばに、小さなぼうしが落ちているぞ。風がもうひとふきすれば、車がひいてしまうわい。」
　　　　　　　　　　　　　　　　　　　　　　　（あまん きみこ「白いぼうし」）

　上に挙げたぼうしを発見する場面では、条件を表す「ば」が使われています。「ぼうし」は、この場面でまだ「車がひいてしまう」場所にありません。「ひいてしまう」は、「風がもうひとふきする」という条件が整わなければ起こらない事態です。

　　　「せっかくのえものがいなくなっていたら、この子は、どんなにがっかりするだろう。」
　　　　　　　　　　　　　　　　　　　　　　　（あまん きみこ「白いぼうし」）

　一方、上は、すでに「えもの」、つまり蝶はすでに逃げてしまった後の松井さんのことばです。「えものがいなくなった」という事実を踏まえて、「いなくなっていることを見つけたら」という意味で、「いなくなっていたら」ということばが使われています。単純な仮定条件ではなく、発見の意味が加わって仮定条件が設定されている点に注意をしなければなりません。
　このほか、「白いぼうし」には、同じ人物による連続した過去の動作を表すのに、「と」が使われる箇所が複数あります。子どもたちは、算数の教科書で、「1と1を足すと2になる」のような条件の「と」を多く聞いています。このような条件の「と」と、「松井さんは、その夏みかんに白いぼうしをかぶせると、飛ばないように、石でつばをおさえました」の「と」とは違います。
　日本語を母語としない子どもも増えてきています。当たり前のように使っている接続助詞の働きを、もう一度、よく考えてみましょう。

　さまざまな物語の中で、「と」、「ば」、「たら」、「なら」などの仮定表現を見つけて、その意味を考えてみましょう《➡ 国 pp.64-66》。

§6 接続助詞

Question 発展問題

(1) 日本語の従属節は、その節の中におけるさまざまな制約の強さから3段階に分かれると考えられています。それぞれの段階の代表的な接続助詞について、その節の中にそれぞれの要素が入るか否かを考えてみましょう。

類（代表例）	主語以外の格 牛乳を飲～ ご飯（を・も）食べる。	異なる主語 Aが走～B（が・は）歩く。	過去 Aが走った～B（が・は）歩いた。	丁寧表現 Aが走ります～Bは歩きます。	主題 Aは走～Bは歩く。	推量 Aは走るだろう～Bは歩くだろう。
A類（～ながら）	牛乳を飲みながら ➡○	Aが走りながら ➡×				
B類（～ば）						
C類（～が）						

適宜、動詞の形を変えたり（ ）の中の助詞を選んだりしてください。
さらに、さまざまな接続表現を当てはめて、A類からC類に分類してみましょう。

(2) 英語では、if（もし～なら）や when（～とき）のほか、"A and B" の and や、"A is larger than B" の than なども接続詞（conjunction）とされます。語順の違いも考えながら日本語の接続詞・接続助詞と比べてみましょう。

Reflection

学習して深まったことをまとめましょう。疑問・質問があれば、書き留めておきましょう。

＿＿＿＿・＿＿＿・＿＿＿

§7 連用修飾・連体修飾

Point 基本の確認（副詞）

あまり速く話さないで、どうか、もっとゆっくり話してください。

活用をもたず もっぱら連用修飾をする品詞を**副詞**といいます。「ふわふわ」「ドンドン」など同じ音の繰り返しになることもありますが、一般に決まった形はありません。

学校文法の副詞は、状態副詞、程度副詞、呼応の副詞（陳述副詞）の3つに分けられます。上の文にもこれら3種類の副詞が含まれています。

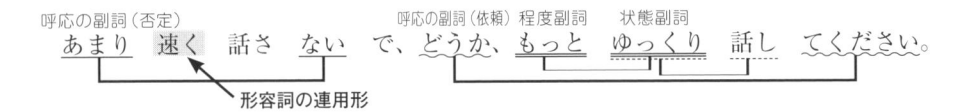

```
呼応の副詞（否定）              呼応の副詞（依頼）程度副詞 状態副詞
  あまり  速く  話さ  ない  で、どうか、 もっと   ゆっくり  話し  てください。
        ↑
     形容詞の連用形
```

「話す」という動作のあり方を表す副詞は、**状態副詞**です。§1で見たように、「速く」も同じ働きをしますが、こちらは形容詞の連用形です。

「もっと」は、「ゆっくり」の程度を表す**程度副詞**です。

「あまり」と「どうか」は、**呼応の副詞**です。「あまり」は否定の助動詞「ない」と呼応（意味的には「速く」の程度性にもかかる）し、「どうか」は依頼表現「〜てください」と呼応します。呼応の副詞は、さまざまな話者の主観的表現《➡§10》と呼応するため陳述副詞とも呼ばれますが、ほかに、比喩表現、仮定表現とも呼応します。

Think 問題①

次の文で使われている副詞に下線を引いて、意味を言いましょう。

(1) しばらくじっと待っていたが、もう遅いし、たぶん来ないだろう。

次のどちらの語順がよいか、理由も併せて考えてみましょう。

(2) a. たぶん、ひとりも来ないだろう。　　　b. ひとりも、たぶん来ないだろう。

§7 連用修飾・連体修飾

Answer 解説①

副詞とその語順を考える際に迷ったことは何ですか。

> ☐ 「しばらく」のような副詞も状態副詞と言うことに違和感をもった。
> ☐ 語順はどちらも言えるので、どちらでもいいと思う。

　学校文法の状態副詞には、動作の様態を詳しく述べる**様態副詞**のほか、「～ている」などで表される時間的要素を修飾する**時の副詞**「しばらく」「もう」「ずっと」が含まれています。実際、これらは動作の様態を表す副詞とは、働きが違います。

> 「状態副詞」という用語は、誤解を生じやすいため、日本語研究では、状態・動作どちらの様態も修飾する副詞という意味で、「様態副詞」という用語がよく用いられます。

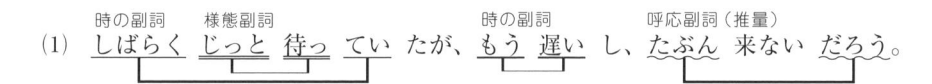

　　　　時の副詞　様態副詞　　　　　　時の副詞　　　呼応副詞(推量)
(1)　しばらく　じっと　待っ　てい　たが、もう　遅い　し、たぶん　来ない　だろう。

　副詞は、文中で、先に出てくるもの（「しばらく」）は後に出てくる部分（「(て)いる」）にかかり、2番目に出てくる副詞（「じっと」）は述部の前の方の要素（「待つ」）にかかるという性質をもっています。

　(2)で、aの「たぶんひとりも来ないだろう」がbより自然に感じるのは、この自然な語順に合っているからです。bのように、交差すると自然さが減じます。

　　a. たぶん　ひとりも　来ない　だろう。　　b. △ひとりも　たぶん　来ない　だろう。

　日本語の語順は自由度が高いと言えども、必ず自然な語順があります。

Think 問題②

次の作文の「誤り」を、副詞の観点から検討しましょう。

(1) （電車の乗客が少なくなった）理由は、昭和30年ごろマイカーがあたり前のようになり、バスもとても使われたからです。（小学生）

(2) 私は、その料理が全然おいしいと思ったから、友だちに「おいしいでしょ」と聞いてみたのに、「全然まずいよ」と言ってきた。（大学生）

§7 連用修飾・連体修飾

Answer 解説②

学校文法の程度副詞の中には、次の3種類の副詞が含まれています。

程度のみを表す副詞：とても、たいへん、きわめて、非常に、はなはだ…
程度と量を表す副詞：かなり、だいぶ、結構、ずっと、多少、少々、少し…
量のみを表す副詞　：たくさん、たっぷり、いっぱい、全部、［＋助数詞］…
（一部、名詞に分類されるものも含む）

「とても」には、程度性をもつことばが続きます。そのため(1)のような使い方は自然さを欠きます。程度性をもつ「よく」や「頻繁に」などを補います。

呼応の副詞は、後にどのようなことばが続くかを聞き手に想像させ、理解を促します。そのため、予想と異なる表現が続くと聞き手を混乱させてしまいます。

よく問題となるのは、否定と呼応しない程度副詞用法の「全然」です。従来、「全然おいしくない」などと、通常、否定が続くとされてきた「全然」は、昨今、「全然おいしい」のように用いられるようになりました。

呼応のあり方が時代によって変化する副詞もあり、一概にすべて誤った用法と言うことはできませんが、聞き手によりよく理解させることが大切です《➡「全然」の用法の変化については、国 p. 76》。

Column　ダイクシス

　事物そのものの名前と異なり、視点の置き方によって変わることばがあります。このような場面によって指す対象が変わるという性質を「ダイクシス」といいます。
　コソアと呼ばれることばは、「このペン、誰の？」「それ、僕の。」など、同じ「ペン」を指していても、発言する人によって変わります。また、「僕」ということばも、発する人が変われば指す人物が変わります。これらはダイクシスの表現です。
　ほかにも、「遊びに来ない？」と誘われて「行く」と言ったり、「飴、あげるよ」「え!? くれるの？」と言ったりするように、移動がどの視点から捉えられるかによって変わる動詞もあります。
　ダイクシスの表現は、発話場面によって指す対象が変わる特殊な語群です。

§7 連用修飾・連体修飾

Point 基本の確認（名詞修飾節）

① 先日受けた テスト は、難しかった。

② 文法の力を測る テスト は、難しかった。

　関係詞のある英語と違い、日本語では修飾する部分を名詞の前にただ置くだけです。そのため、形式を重視する学校文法で、名詞修飾が文法の話題となることはわずかです。

　しかし、この単純な構造には、さまざまな機能が潜んでいます。①では、「先日、テストを受けた」という文の中から「テスト」を取り出してほかの部分で修飾しています。一方、②では、「テスト」の内容が修飾節となっています。修飾節の機能が違うのです。

　この「テスト」のような名詞を**被修飾名詞**、修飾する部分を**名詞修飾節**といいます。

　同じく①のような係り方をする名詞修飾構造でも、異なる機能が認められます。

③ 切符を買った 人たち は、改札口へと向かった。　　［限定的名詞修飾用法］

④ 切符を買った 田中さん は、改札口へと向かった。　　［非限定的名詞修飾用法］

　③では、不特定の「人たち」の中から「切符を買った」という名詞修飾節の内容に該当する人を限定して取り出します。一方、④では、「田中さんは、切符を買って改札口へと向かった」と同じような意味でありながらも、より、「改札口へと向かった」という主節を際立たせて表現しています。

　さまざまな機能をもつ名詞修飾は、しっかり学ぶべき構造なのです。

Think 問題③

被修飾名詞に　　　を書き、その名詞を修飾している部分に下線を引きましょう。

（1）体が大きな人が着られる服を売っている店を知っている人はいますか。

次の文を、名詞修飾表現を使わないで言ってみましょう。

（2）切符を買った田中は、改札口へ向かった。

（3）いつもそうじを手伝わない加藤さんも、文句だけは言う。

Answer 解説③

名詞修飾節を考える際に迷ったことは何ですか。

> ☐ どこからが名詞修飾節になっているのか、よくわからなかった。
> ☐ 名詞修飾節は、いろいろな意味に解釈できそうで困った。

日本語の名詞修飾節は、どこからが名詞を修飾しているかが、具体的なことばによっては表されません。そのため、修飾部分は音声や意味から考えます。

また、名詞修飾節が何重にも重なることもあります。

(1) 体が大きな|人|が着られる|服|を売っている|店|を知っている|人|はいますか。
　　　　　　a　　　　　　　　b　　　　　　　c　　　　　　　　d

(1)では、aが「その人の体が大きい」という関係、bが「その服を（／が）着られる」という関係、cが「その店で売っている」という関係、dが「その人が知っている」という関係を、それぞれ含んでいます。

非限定的名詞修飾を複文で言い換えるときは、①継起（〜て）、②付帯状況（〜ながら）、③理由（〜ので・から・て）、④逆接（〜のに・けれど・が）のどの意味に近いか考えます。

(2) 田中は、切符を買って改札口へ向かった。　　　　　　　　　［継起］
(3) 加藤さんは、いつもそうじを手伝わないのに、文句だけは言う。　［逆接］

ただし、非限定的名詞修飾は、さまざまな意味をもちその解釈を聞き手に委ねますので、(2)を「買ったので」と理由の意味で捉えることも可能です。

Think 問題④

次の作文を、名詞修飾の観点から検討し、よりよい表現にしましょう。

(1) そして花は、古いのがたくさんあるし、ほとんどくさっていました。（小4）

(2) そこで、2つの公園に行ってみました。岐阜公園と北の公園です。まず、北の公園には、大きい木が14本あって、小さい木が3本ありました。回りを囲むようにありました。近くの公園です。（小4）

　　　　「公園に行った。そこで〜を見つけた。」という動作でまとめてみましょう。

§7 連用修飾・連体修飾

Connect 古典文法と比較してみよう

古典文法の呼応の副詞を、現代語の呼応の副詞と比較してみましょう。

意味	代表的な古典語の呼応の副詞	文末	代表的な現代語の呼応の副詞	文末
打消	おほかた、さらに、つゆ、いまだ…よも（まさか）	ず	全く、けっして、少しも、夢にも；まだ…	ない
打消推量		じ、まじ	まさか、よもや	ないだろう
不可能	え	ず		
禁止	な　ゆめ、ゆめゆめ	そな	けっして、絶対…	な
推量	あるいは、けだし　かならず、さだめて　むべ、うべ	む、けむ　らむ　べし	もしかしたら　おそらく、たぶん…　かならず、きっと…　なるほど	だろう
願望／依頼	いかで、なにとぞ、ひとへに	ばや、もが	どうか、ぜひ…	ください…
当然	すべからく、まさに	べし		
仮定	もし	ば	もし	ば…
仮定（譲歩）	たとひ、よし、よしや	とも	たとえ…	とも
比況	あたかも、さながら	ごとし	まるで、あたかも、さながら…	のようだ
疑問・反語	あに、いかで、いかが	や、か	どうして、なぜ	か

個別の語が変わったほかに、呼応自体が変化したり呼応自体がなくなったりしたものを考えてみましょう。

古典語でも、基本的に、名詞は、その前に置かれた名詞修飾節によって修飾されます。

・我を思ふ 人 を思はぬ報いにや 我が思ふ 人 の我を思はぬ　［古今］

「私を思っている人」も「私が思っている人」も、現代語と同じ構造です。
しかし、ときに、古典語では次のような名詞修飾表現が見られます。

・ 女君 のいと美しげなる、生まれ給へり　［源氏］
・いと清げなる 僧 の、黄なる地の袈裟着たるが来て　［更級］

上の源氏物語の例は、「とてもかわいらしい女君が生まれた」という意味ですから、「いと美しげなる女君、生まれ給へり」となるはずです。また、下も、一般には、「たいそう美しい僧で、黄色い地の袈裟を着た僧が来て」と、後ろの「着たる」の後にも被修飾名詞の「僧」を補って訳します。意味的には、どちらも名詞修飾表現なのです。

現代語でも、特に話しことばで、「お菓子がそこに置いてあるのを食べた」のような名詞修飾表現を使っていないか考えてみましょう。

Action 身近な日本語から考えてみよう

　副詞の中でも、呼応の副詞は、述部が最後に来る日本語において、どのようなことが文末に述べられるのかを予想するために重要な働きをします。そのため、人によって異なる文末を予想させる副詞があると、コミュニケーション上の齟齬(そご)を来(きた)します。現代の若者ことばで「全然」が否定と呼応しないことが問題となっているのも、そのためです。

　しかし、呼応は時代によって変わることもあります。夏目漱石や有島武郎も、『坊っちゃん』や『或る女』において、「全然」を否定と呼応させない例を用いています。

　逆に、夏目漱石は『三四郎』で、「とても」を程度副詞としては用いず、すべて否定と呼応する副詞として用いていますし、『こころ』でも、十回中九回は否定が後に来ています。

　さまざまな時代の「全然」や「とても」を調べてみて、どのような呼応をしていたか考えてみましょう。

> 一体生徒が全然悪いです。どうしても詑(あや)まらせなくっちゃ、癖になります。
> 　　　　　（夏目漱石『坊っちゃん』）
>
> サンフランシスコの領事が在留日本人の企業に対して全然冷淡で盲目であるという事…
> 　　　　　（有島武郎『或る女』）
>
> 自分などはとても子規のまねはできない。
> 　　　　　（夏目漱石『三四郎』）
>
> 医者は到底(とても)治らないというんです。
> 　　　　　（夏目漱石『こころ』）

　名詞修飾表現は、主語などの名詞句を動詞の後にもってくる、少し高度な技を用いた表現です。そのため、小学校低学年の教科書の中では、使用がやや抑えられている印象を受けます。

　学年が進むとともに、名詞修飾表現は増えてきます。小学校4年生の国語教材ともなっている「ごんぎつね」から、例を挙げてみます。

① いわし売りは、いわしのかごを積んだ車を道ばたに置いて
② こちらの物置の後ろから見ていたごんは、そう思いました。

①は限定的名詞修飾ですから、名詞修飾表現を使う必要があります。一方、②は非限定的名詞修飾です。では、②を次のように言うと、どのような印象を受けるでしょうか。

③ ごんは、こちらの物置の後ろから見ていて、そう思いました。

　②と③の意味の違いを考え、教科書教材などさまざまな物語文や説明文の中で非限定的名詞修飾を使う意味を考えてみましょう。

§7 連用修飾・連体修飾

Question 発展問題

(1) 副詞の種類を、様態（状態）副詞、程度副詞、呼応の副詞という3種類に分けるのが、本当に適切なのでしょうか。次のそれぞれの例文の下線部を比較しながら、より細かな副詞の分類を考えましょう。

① a. <u>ざっと</u>雨が降った。　　b. <u>さっき</u>雨が降った。　　　［様態副詞］
② a. <u>ふわふわと</u>飛んでいる。b. パンが<u>ふわふわに</u>焼けた。［様態副詞］
③ a. <u>とても</u>空腹だ。　　　　b. <u>たくさん</u>食べた。　　　　［程度副詞］
④ a. <u>実は</u>、不合格だった。　b. <u>だが</u>、不合格だった。　　［陳述副詞・接続詞］

(2) 「切符を買った人」、「私が住んでいる家」、「幽霊が出る噂」など、日本語では名詞の前に置かれるだけの名詞修飾節ですが、英語に訳すときには、who や which、さらには that など、さまざまな種類の形式を用いて訳し分けます。なぜ、このような違いがあるのか、日本語と英語の語順の違いという観点から考えてみましょう。

Reflection

学習して深まったことをまとめましょう。疑問・質問があれば、書き留めておきましょう。

_____.____.____

§8 助動詞(1)
受身・使役・可能

Point 基本の確認

より複雑な意味を表す述部は、次のような方法で作られます。

① **助動詞**を用いる。　　例　食べる → 食べられる、走る → 走らない　など
② 補助動詞を用いる。　　例　食べる → 食べている、走る → 走ってみる　など
③ 複合動詞にする。　　　例　食べる → 食べ始める、走る → 走りきる　など
④ そのほかの表現を付加する。
　　例　食べる → 食べるかもしれない、走る → 走らなければならない　など

§8～§10では、このうち①助動詞について考えます。学校文法では、助動詞を分類しませんが、助動詞は機能によっていくつかのグループに分けられます。

助動詞を用いる方法の中で、最初に、もっとも動詞語幹に近い助動詞である「れる・られる」について考えてみましょう。

先生から教え①られた文法を将来上手に教え②られるよう、先生は教え③られています。

同じ「られ(る)」でも、①は受身、②は可能、③は尊敬です。受身では、動作主体がカラ格やニ格で表現されますが、そのほかではガ格になります。また、尊敬の場合には、主語が敬意の対象になります。

Think 問題①

次の文で使われている助動詞「れる・られる」に下線を引いて、意味を言ってください。

(1) こんなにたくさんの料理は私も作られないし、作っても皆が食べられないだろう。

(2) この服はもう着れないが、特殊な生地なのではさみで切れないから処分できない。

§8……助動詞(1)

Answer 解説①

「れる・られる」を考える際に感じたことはありますか。

> ☐ 「作られない」は、使わない形だが、間違っているとも言えない気がする。

「れる・られる」には、受身、可能、尊敬の3つの意味があります。中でも可能は、動詞未＋助動詞からなる伝統的な長い形と、比較的新しい短い形とが併用されます。

(1) こんなにたくさんの料理は私も作られないし、作っても皆が食べられないだろう。
　　　　　　　　　　　　　　　　　　　　可能　　　　　　　　　　　　　可能

(2) この服はもう着れないが、特殊な生地なのではさみで切れないから処分できない。
　　　　　　　可能　　　　　　　　　　　　　　　　　可能

	五段動詞（作る、切る）	一段動詞（食べる、着る）
未然形＋助動詞	作られる／切られる	食べられる／着られる
	作れる　／切れる→可能動詞	食べれる　／着れる→ら抜きことば

　上の表のように、五段動詞は、短い可能動詞の形が一般的ですが、やや古風な言い方として助動詞の付いた上の段の言い方も残っています。一段動詞の短い形は、「ら抜きことば」と呼ばれ、学校では使わないよう指導されますが、実際には広く使われる形です。

> 「ら抜きことば」は、五段の可能動詞に合わせた自然な変化の結果とも言えます。公の場面で話したり文書に書いたりする場合に、「ら」の入った形が使えるようにすればよいでしょう。

Think 問題②

次に挙げる受身文を、意味を考えて2種類に分けましょう。
　　　　　　　　　　　　　　　　　　迷惑の意味を含むものと、そうでないものがあります。

(1) 隣の人に一晩中、大声で話されて、眠れなかった。

(2) 見知らぬ人に、街中で突然話し掛けられた。

(3) にんじんは、毎朝、機械で掘り起こされて、工場へと出荷されていく。

(4) 丹精込めて育てたにんじんを、誰かに掘り起こされた。

Answer 解説②

　日本語の受身には、主語が動作を直接受けることを表す受身と、直接の動作は受けないで間接的な被害をこうむったことを表す受身とがあります。前者を**直接受身**、後者を**間接受身**と呼びます。

　(1)や(2)の受身は、主語である「私」がどちらも迷惑を感じています。しかし、(1)では、「私」のあずかり知らぬところで「隣の人が話す」というできごとが生じ、そこから間接的に影響を受けて迷惑だと感じているのに対し、(2)は、「街中で突然」という状況から戸惑いを感じられるというだけで、「話し掛ける」こと自体が迷惑な感情を引き起こしているわけではありません。その証拠に、「すてきな人から話し掛けられた」であれば、嬉しく感じます。

　このように、日本語には、(1)のような間接的影響を表す受身が存在し、ほかの言語に対応する表現がない場合もあり、日本語学習者を悩ませます。(2)は、英語などにもあるふつうの受身、つまり、直接受身です。

　同じように、(3)は、「にんじんを掘り起こす」を「にんじん」を主語にした受身文です。これは直接受身であり、特に迷惑の感情は抱きません。しかし、(4)は、主語が被害を感じる「私」となっている間接受身です。

　日本語では、同じ「受身」であることから、意識されることが少ないこれら2種類の受身ですが、それぞれの構造のもつ意味が明確に異なります。意味的に中立な直接受身((2)や(3))と、迷惑を含意する間接受身((1)や(4))の違いを、よく認識しておきましょう。

Think 問題③

次の作文を受身や使役の観点から検討し、よりよい表現にしましょう。

(1) テレビの環境問題番組を見て、近くの環境のことを考えた。(小6)

　　　　　　　　見聞きしたことがきっかけとなって考えた場合は、使役受身文が使われます。

(2) この番組紹介は、下級生の子に、テレビを見るのをまちどおしくするために、半分だけ書いています。(小6)

§8……助動詞(1)

Connect 古典文法と比較してみよう

　受身、可能、尊敬を見分けるだけでもたいへんですが、古典の「る・らる」では、もうひとつ重要な機能が頻用されます。それは自発です。

　現代語では、「思われる」や「偲ばれる」のような心情を表す動詞に限られる自発も、古典語の「る・らる」においては中核的な意味でした。『源氏物語』桐壺に見られる「いみじき武士、あたかたきなりとも、(若宮を)見てはうち笑まれぬべきさまのしたまへれば」では、どんな猛々しい仇敵の武士でも、若宮を見れば、ほほえまずにはいられない様子であることを、「笑まれぬ」に含まれる自発の助動詞「れ」が表しています。

　複数の意味をもつ「る・らる」の意味を考える際、私たちはどのような手順で理解しているでしょうか。①〜④の波線部「に」の意味に注目して考えてみましょう。

① すべて男をば、女に笑はれぬやうにおほしたつべしとぞ ［徒然］
  （をのこ）　　　　　　　　　　　　　　　　　　　（養い育てる）

② 秋来ぬと目にはさやかに見えねども風の音にぞおどろかれぬる ［古今］
  （き）　　　　　　　　　　　　　　　　　　　　（気づく）

③ 家の作りやうは夏をむねとすべし。冬はいかなる所にも住まる ［徒然］
  　　　　　　　　　　（中心）　　　　（どのような）

④ など、(をのこは)かくし歩かるるぞ ［更級］
  （どうして）　　　　　（このように）

　①は「女が笑ふ」に対応する「女に笑はる」ですが、②は同じ「に」でも「風の音に」が感覚を引き起こす原因となっています。一方、③の「所に」は「住む」という動作の場所です。また、④では「をのこは」が主語となる動作「歩く」に「る」が付いています。

Column　ヴォイス（態）

　受身や使役、肯定・否定、時間、話し手の主観的な捉え方は、文法カテゴリーと呼ばれる類で捉えられます。このうち、受動や使役のように、どの立場からできごとを捉えるかに関わる文法カテゴリーを「ヴォイス（態）」と呼びます。

　ヴォイスには、受動態や使役態のほか、「教える・教わる」など自動詞と他動詞の対立も含まれます。また、「（互いに）称え合った」のような相互態、「試合で足を折った」のような再帰態などもヴォイスの範疇で捉えられます。

　また、受動に対する能動のように、形態的に何も付加されない無標（unmarked）の態も重要です。

Action 身近な日本語から考えてみよう

　受動態は、文法的に態（ヴォイス）の下位類ですが、この動作主が主語にならない受動態に対し、動作主が主語になる能動態も、ひとつのヴォイス形式として捉えておく必要があります。
　小学校1年生の教材になっている「くじらぐも」から見てみましょう。

>　　みんなは、手を つないで まるい わに なると、
>　「天まで とどけ、一、二、三。」
>　と①ジャンプしました。でも、とんだのは、やっと 三十センチぐらいです。
>　「もっと たかく。もっと たかく。」
>　と、くじらが②おうえんしました。
>　「天まで とどけ、一、二、三。」
>　こんどは、五十センチぐらい③とべました。
>　「もっと たかく。もっと たかく。」
>　と、くじらが④おうえんしました。
>　⑤「天まで とどけ、一、二、三。」
>　その ときです。
>　いきなり、風が、みんなを 空へ ふきとばしました。
>
> 　　　　　　　　　　　　　　　　（なかがわ りえこ「くじらぐも」）

　最後の傍線部が、能動態になっています。主人公の子どもたちを主語にして、「みんなは、風によって空へふきとばされました。」と受動態で表現してもいいように思えますが、そうはなっていません。

　なぜここで、「風が」が主語になり能動態が選択されているのでしょうか。①〜⑤の主語がどのように表されているか考えてみましょう（⑤は省略されている動詞の主語を考えましょう）。

①の主語 ＿＿＿＿＿＿　　→　②の主語 ＿＿＿＿＿＿
→　③の主語 ＿＿＿＿＿＿　　→　④の主語 ＿＿＿＿＿＿
→　⑤の省略された主語 ＿＿＿＿＿＿　　→　「ふきとばす」の主語　風が

　さらに、このことから、「風」が主語に選ばれた理由はどのように考えられるでしょうか。話し合ってみましょう。

§8 助動詞(1)

Question 発展問題

(1) 「店をオープンする」と「店をオープンさせる」とでは、同じ意味でしょうか。もし、違いがあるとすれば、どのような意味の差があるでしょうか。また、「(店を) 開店する」と「開店させる」も同じでしょうか。

さらに、さまざまなサ変動詞で「する」と「させる」の違いを考えてみましょう。

(2) 小学校の国語教材にもなっている「スイミー」（まど みちお訳）には、スイミーに外へ出るよう誘いかけられた赤い小魚たちが「だめだよ。大きな魚に食べられてしまうよ」と断るシーンがあります。同じ部分は、原作である Leo Leonni 作 "Swimmy" で "The big fish will eat us all." となっています。手近にある英語と日本語の小説の対訳などを使って、日本語と英語の受身の使い方の違いを考えましょう。

Reflection

学習して深まったことをまとめましょう。疑問・質問があれば、書き留めておきましょう。

§9 助動詞(2)
否定・時間

Point 基本の確認(否定)

危ないなあ。この道は、歩道がないし安全でないから、明るくないときは通らないよ。

　中学校の国語の問題でよく出る「ない」の識別問題です。「危ない」のような形容詞の一部は単語ではないので除外するとしても、残りの4語は、学校文法で次のように分類されます。

- ・(歩道が) ない　　＝　形容詞「ない」
- ・安全でない　　　＝　形容動詞［連用形］＋形式形容詞「ない」
- ・明るくない　　　＝　形容詞［連用形］＋形式形容詞「ない」
- ・通らない　　　　＝　動詞［未然形］＋助動詞「ない」

　「通らない」だけが助動詞で、そのほかは形容詞の仲間です。その違いは、ふつう、「ぬ」で置き換え可能か否かで見分けますが、これは古典語における区別を応用したものです。この区別は、現代語においても「ありません」と置き換えが可能かどうかや、「そうだ」「すぎる」が「ない」のどのような形に付くかを考える際に役立ちます《➡ 国 p. 99》。
　否定事態は、一般に肯定事態と対立するものですが、「〜だけ」と「〜しか…ない」のように、同じ事態の捉え方の違いでしかないこともあります。否定形式だけでなく、否定的な捉え方を表す表現まで広げて、使い方を考えることが重要です。

Think 問題①

次の文で使われている「ない」と「ありません」を文法的に説明しましょう。ただし、一般に「正しい」と言われる以外の表現も含まれています。

(1) この車は、もう使ってない。お金がもったいないから、売るしかない。

(2) 申し訳ありません。商品はもうありません。…嘘だなんて、とんでもありません。

§9 助動詞(2)

Answer 解説①

「ない」と「ありません」を文法的に説明する際に迷ったことは何ですか。

> ☐ 「使ってない」の「ない」は、「ある」の反対語？「いる」の反対語？
> ☐ 「とんでもありません」は、よく聞くから正しい日本語ですか。

「～てない」は、「～てある」の否定形であるほか、いわゆる「い抜きことば」である「～てる(←ている)」の否定形としても使われます。(1)の「使ってない」は、「使っていない」と言えますから、後者の用法です。「いない」の「ない」は助動詞ですから、この場合、「使ってない」の「ない」も助動詞となります。

> 最近、「諸注意は紙に書いてある」を「諸注意は紙に書いている」と言うこともあるようです。結果状態を表す表現が揺れているとすれば、「～てない」の判別にさほどこだわる必要はありません。

「もったいない」は、「もったいをつける」と言えることから、語源的には「もったい」＋「ない」ですが、現代語では1語の形容詞です。形容詞の一部である「もったいない」の「ない」だけを丁寧にして、「もったいありません」にすることはできません。

一方、1語の形容詞「とんでもない」も、丁寧形が「とんでもないです」や「とんでものうございます」、あるいは「とんでもないことです」となるはずですが、「とんでもありません」と言う人も大勢います。文化審議会答申「敬語の指針」（平成19年）でも許容されていますので、公的な場面以外であまり気にする必要はありません。実際、同じく1語の形容詞「申し訳ない」は、「申し訳ありません」が広く許容されています。

(1) この車は、もう使ってない。お金がもったいないから、売るしかない。
　　　　　　　　　助動詞　　　　　　　形容詞の一部　　　　　　形容詞

(2) 申し訳ありません。商品はもうありません。…嘘だなんて、とんでもありません。
　　形容詞「申し訳ない」の　　　形容詞「ない」の　　　　　　　　形容詞「とんでもない」の
　　語尾「ない」の丁寧形　　　　丁寧形　　　　　　　　　　　　　語尾「ない」の丁寧形

Think 問題②

次の否定的な表現を、ポジティブな表現に言い換えましょう。

(1) 計画性のない子だね。夏休みの宿題は、早めにやっておかないと、後で泣くよ。

(2) こんな簡単な問題で80点しか取れないのか。もっと勉強しろよ。

Answer 解説②

　§8で見た能動態と受動態のように、同じできごとでもさまざまな表現形式を用いて表すことができます。中でも、肯定・否定のどちらの表現を使うかは、聞き手に与える印象を大きく変えるため、気をつけなければなりません。

　(1)では、「計画性がない」ということばが使われていますが、同様の意味をもつ、否定を含まない表現を考えてみましょう。「臨機応変にできる」、「メリハリをつけてがんばれる」などの表現が思い浮かびます。語彙的にポジティブである表現は、否定の「ない」を使わず、また可能の意味をもつことが多いです。

　「早めにやっておかないと」のような否定的な条件節も、聞き手に脅威を与えます。「早めにやっておくと」のように、否定を含まない条件を用いるだけで、「後で遊べるよ」のような肯定表現が主文末に来て、聞き手にポジティブに伝わります。

　(2)のような、テストの点数のように程度性のある事実も、副助詞をうまく使えばポジティブに聞こえます。「80点しか取れない」と言えば否定的ですが、「80点も取れた」と言えば前向きです。「80点取った」という事実を、よくも悪くも言えるのが副助詞です。

　肯定と否定は、話し手ができごとを、真か偽のいずれで捉えているかを表す文法的な範疇です。できごとは、真偽いずれかで表現されなければなりませんが、捉え方は肯定的にも否定的にもできます。より肯定的に捉え、肯定的な表現を使うことで、ポジティブな言葉遣いをしていきましょう。

Column　スコープ

　「田中は走らなかった」と「田中が走ったのではない」。どちらも否定文ですが、否定の意味が違います。前者は「田中」について述べ、「走る」というできごとの成立を否定していますが、後者では「田中が走る」こと全体が否定されています。

　ある形式が実際に作用する範囲を「スコープ」といいます。前者は「走る」が、後者は「田中が走る」が否定のスコープとなっています。この違いによって、後者では、「田中以外の人が走る」ことが浮き上がってきて、「誰かほかの人が走った」という意味が表されます。

　スコープは推量の表現などでも見られます。「雨が降ったから［寒くなる］だろう」と「［お金があるから買った］のだろう」では、推量「だろう」の作用範囲（［　］の中）が違います。

§9……助動詞(2)

Point 基本の確認（時間）

> 昨晩、私は11時に帰宅した。そのとき、子どもたちはもう寝ていた。

　時間に関する表現は、2種類あります。ひとつは、**テンス**（時制）に関するものであり、もうひとつは**アスペクト**（動きの局面）に関するものです。

　テンスとは、発話の時点を「現在」と捉え、それよりも以前を「過去」、それ以後を「未来」と、流れる時間を3分類する時間の捉え方です。上の文では、「た」で表された「帰宅した」と「寝ていた」がともに過去のできごととして表されています。

　一方、アスペクトは、ある動きの局面を表す表現です。局面とは、開始直前（「寝かけた」や「寝ようとしている」）や、終了後（「よく寝た」）などのことで、上の文では、「寝てい（た）」が動作の持続中であることを表しています。

　中でも、「た」は、テンスとアスペクト、両方に関係する重要な形式です。また、補助動詞「～（て）いる」も、複数の時間的意味をもつ、「た」とも機能を部分的に共有する形式です。ここでは、これら2形式を中心に見ていきます。

Think 問題③

次の文で使われている「た」の意味を言いましょう。

(1)　「夕飯、もう食べ<u>た</u>？」
　　　「いや、昼ご飯が遅かっ<u>た</u>から、まだ食べていないよ。」

(2)　（昼休み）午後の会議はどこだっ<u>た</u>かな。A22教室か。変わっ<u>た</u>場所だな。

Answer 解説③

「た」の意味を考える際に困ったことは何ですか。

> □ 過去と完了の違いが、うまく説明できない。
> □ 未来のできごとに「た」を使うのはなぜだか理解できない。

学校文法では、「た」に、①過去、②完了、③存続、④確認の4機能を認めています。
①の過去とは、現在から切り離された時間です。(1)の「遅かった」がこれに当たります。一方、(1)の「もう食べた？」の「た」は、現在の食欲に影響するため、②の完了と考えます。完了の否定は、「（まだ）〜ていない」で表されます。

> 「現在に影響を与えているものが完了」と意味的に考えるだけでなく、否定で「〜ていない」に対応するかどうかなど形式面で考えるのも重要です。ただ、「ゆうべ、8時に晩ご飯を食べた」は、否定が「ゆうべは晩ご飯を食べなかった」となるため、ふつう過去と捉えますが、翌朝、胃の検査があれば「ゆうべは晩ご飯を食べていない」とも言うため、完了とも考えられます。過去と完了は、連続する性質があるからこそ、日本語では同じ形式で表されるのです。

過去や完了だけに「た」を使うという考えは、正しくありません。日本語では、以前得た情報を確認する場合に、④の確認の「た」が用いられます。(2)の「どこだったかな」では、未来の会議に対して、「た」を使って認識している情報の確認をしています。バスが到着していなくてもバスが見えれば「バスが来た」と言い、忘れ物を見つければ「あった」と言うのも、同様に、認識はすでに成立しているという共通点をもちます。

「変わった場所」のように、名詞の前で用いられ「〜ている」で置き換え可能な「た」は、③存続の用法です。

「た」には、過去・完了以外にもさまざまな意味があることを知っておきましょう。

Think 問題④

次の作文の「誤り」を、時間表現の観点から指摘しましょう。

(1) （電車の乗客が少なくなった）理由は、昭和三十年ごろマイカーがあたり前のようになり、バスもとても使われたからです。（小4）

> 単なる点としての過去の表現が適切か考えてみましょう。

(2) 日本へ来たときに、国の友だちがこの辞書をくれました。（留学生）

> なぜ「来た」が使われたのか、また、どのような場合に「来る」を使うのか、考えてみましょう。
> 《→国p.105》

§9 助動詞(2)

Connect 古典文法と比較してみよう

　古典語の否定の助動詞は、次のような活用をすると言われています。一見、不規則に見えますが、これはさまざまな音声的縮約によって生じた結果です。
　「ざり」など左側の系統は、「ず＋あり」から来ています。その「ず」も、「ぬ」の古い連用形「に」にサ変動詞の「す」が付いてできたものという説があります。派生関係を考えて、古典語の助動詞を捉えてみましょう。

> 活用などの体系の一部を別語の体系の一部で補う方法を補充法（suppletion）といいます。英語の go-went-gone は、'wend'（進む）という別語の過去形を補って体系を整えています。

ず		
ざら	（ず）	未然
ざり	ず	連用
	ず	終止
ざる	ぬ	連体
ざれ	ね	已然
ざれ		命令

　古典語の「なし」は、本来、非存在の意味に限定されており、形容詞の否定形は「美しく（は）あらず」でした。中世以降、「あらず」が同じ意味の「ない」に置き換わって、現代語の「美しく（は）ない」ができあがりました。

　このことから、形容詞の否定を表す「ない」が連用形に付く理由を説明してみましょう。

　古典語には、多くの過去と完了の助動詞があります。
　過去の意味では、直接経験した事態で現在は残っていないできごとを回想的に述べる「き」と、直接関与していない事態の結果などに気づいたことを表す「けり」とが使われていました。
　また、完了では、「棄つ」から助動詞化し意志的動作の成立を表す「つ」、「往ぬ」から発達し自然現象における変化の実現を表す「ぬ」のほか、「つ」の連用形「て」＋「あり」から変化した結果状態が続いていることを表す「たり」と、意味的には「たり」に近く、動詞の連用形に付いた「あり」が変化した「り」（命令形接続とされる）の4形式がありました。

完了				過去		
ら	たら	な	て	（けら）	（せ）	未然
り	たり	に	て	○	○	連用
り	たり	ぬ	つ	けり	き	終止
る	たる	ぬる	つる	ける	し	連体
れ	たれ	ぬれ	つれ	けれ	しか	已然
（れ）	（たれ）	ね	てよ	○	○	命令

　現代語では、助動詞「た」が多くの機能を担っていますが、古典語と比べると単純化した、言い換えれば退化したのでしょうか。補助動詞まで視野に入れて考えてみましょう。

Action 身近な日本語から考えてみよう

　芥川龍之介は、自身の作品の中で否定表現を多く使う作家です。
　「鼻」も、冒頭から、「禅智内供の鼻と云えば、池の尾で知らない者はない。」と始まり、「勿論表面では、今でもさほど気にならないような顔をしてすましている。これは専念に当来の浄土を渇仰すべき僧侶の身で、鼻の心配をするのが悪いと思ったからばかりではない。」などと、数行に1回は否定表現が出てきます。
　もちろん、内容的に否定表現が必要なところもありますが、鼻を持ち上げて食事をする場面で「（弟子に鼻を）持ち上げられている内供にとっても、決して容易な事ではない」と、「難しいことであった」と言ってもよいときに否定表現を使うなど、否定の使用が徹底しています。
　「鼻」で特徴的なのは、先の「知らない者はない」に見られるような二重否定が多いことです。「勿論弟子の僧の親切がわからない訳ではない」や、「誰でも他人の不幸に同情しない者はない」など、幾度も現れています。
　しかし、おもしろいことに、この「鼻」の中では、一度も「なければ」や「なかったら」のような架空の表現は使われていません。たとえ鼻を短くする方法を教わり、弟子に実践させるようにしむけたとしても、ことばとして否定の仮定は用いていないのです。
　芥川のほかの小説でも、否定表現を考えてみましょう。

　小学校2年生の国語教材ともなっている「お手紙」には、次のような場面があります。

　　　かえるくんは、大いそぎで家へ帰りました。えんぴつと紙を見つけました。紙に何か書きました。紙をふうとうに入れました。ふうとうに、こう書きました。
　　「がまがえるくんへ」
　　　かえるくんは、家からとび出しました。知り合いのかたつむりくんに会いました。
　　　　　　　　　　　　　　　　（アーノルド＝ローベル作、みき たく訳「お手紙」）

　文末が「た」で終わる短文が連続することで、場面の切り換えがうまく表現されており、小気味よく響きます。

　これを、通常の作文でよく見られる「かえるくんは、大いそぎで家へ帰って、えんぴつと紙を見つけました。紙に何か書いてふうとうに入れ、こう書きました」とすると、どのような印象の違いが生じるでしょうか。考えてみましょう。
　　　　　　　　　「た」には、文章中で場面を切り換える働きがあります《➡底 第1章》。

§9 ‥‥‥助動詞(2)

Question 発展問題

(1) 肯定文に否定的な意味が含まれることもあります。「そちらの方が、お得はお得ですね」や「そのように**私は**思いますが」は、「得だ」「そうだ」と言っているふりをして、やはり否定的です。なぜ否定的に感じるのかを考え、このような述べ方がコミュニケーション上、どのような効果を与えるか考えましょう。

(2) フランス語やイタリア語では、過去を完了の形式で表します。'J'ai mangé.'（仏）も 'Ho mangiato.'（伊）も、英語の 'I have eaten.' に相当する形ですが、完了だけでなく過去も表します。これは、日本語と同じ変化です。なぜ、同じような変化が異なる言語で見られるのか、考えてみましょう。

Reflection

学習して深まったことをまとめましょう。疑問・質問があれば、書き留めておきましょう。

_____・____・____

§10 助動詞(3)
判断ともくろみ

Point 基本の確認

彼は優秀な学生だ。良い就職をするだろう。だが、大学院に進学するかもしれない。

話し手は、描写したいできごとに対する捉え方を、主観的な助動詞で表現します。
「(学生)だ」のような**断定**や「(するだろ)う」のような**推量**は、できごとを事実として捉え述べながらも、述べ方の強さが違います。ほかに、何か根拠から推論して示す**推定**の「ようだ」や「らしい」、その根拠が特に眼前の様子にある**様態**の「そうだ」と伝聞情報にある**伝聞**の「そうだ」なども用いられます。これらは、**判断**の助動詞です。

学校文法では、助動詞だけを学びますが、話し手の判断は、ほかに、可能性判断の「かもしれない」や確信の「にちがいない」のような複合形式に加え、同じく確信を表す「はずだ」のような形式名詞＋断定の助動詞でも表されます。これらは、機能の点で、上に挙げた助動詞と同じ、判断を表す形式です。

推量の助動詞「う／よう」は、一人称が主語となる意志動詞に付くと**意志**を表します。また、実際に話し手の動作が聞き手に及ぶと**勧誘**という意味になります。このほかに、助動詞「たい」による**希望**まで含めて、話し手の**もくろみ**を表します。

日本語では、話し手ができごとをどう捉え、それに対しどういう意志をもつかを、判断やもくろみの形式を使って表しています。

Think 問題①

次の文で使われている助動詞に下線を引いて、意味を言いましょう。

(1) 「彼は病気だ。」「いや、元気だ。」「うん、あれなら大丈夫だ。」

(2) 明日は、雨が降るだろう。誰が何と言おうと家にいよう。

§10 助動詞(3)

Answer 解説①

助動詞を考える際に迷ったことは何ですか。

- ☐ 「病気だ」や「元気だ」の「だ」が助動詞か迷った。
- ☐ 「だろう」は全体で推量なのに、断定の助動詞が含まれているの？

名前が「厳」という優しい人がいるように、名称と意味とは必ずしも一致しません。助動詞「だ」も同様です。「だ」は、断定という名称を付けられていますが、その未然形「だろ」は推量の「う」に続き、仮定形の「なら」は仮定条件を表します。断定という名称をもっていても、実際には、さまざまな意味・機能で用いられているのです。一方、「元気だ。」は全体で一語の形容動詞ですが、断定という機能を担っています。形式と意味・機能とは別物であることを理解しておきましょう。

それでも「だろう」が「断定＋推量」という学校文法の捉え方は奇妙です。断定も推量も、同じ判断のあり方です。この「だろ」に断定という機能はありません。

> 東京大学名誉教授の時枝誠記（ときえだもとき）（1900-1967）のように、全体でひとつの推量の助動詞と捉える立場もあります。学校文法は、ひとつの文法の体系にすぎず、絶対的な法則ではありません。

「う／よう」は、まだ実現していないことを想像して述べる古典語の「む」に由来します。意志動詞に付いたときには意志や勧誘を表しますが、「何と言われようと」の「よう」のように、本来の未実現事態に対する想像を表す用法に近いものも見られます。

形容動詞は、活用の一部に「だ」を含み、終止形では断定という機能を担います。

以下に、(1)(2)の問題について、品詞（助動詞とそれ以外）と［機能］を示します。

(1) 「彼は病気だ。」「いや、元気だ。」「うん、あれなら大丈夫だ。」
　　　　　　断定の助動詞［断定］　形容動詞の一部［断定］　断定の助動詞［仮定］　形容動詞の一部［断定］

(2) 明日は、雨が降るだろう。　　　誰が何と言おうと家にいよう。
　　　　　　断定の助動詞　推量の助動詞［推量］　　推量の助動詞［推量］　意志の助動詞［意志］

Think 問題②

下線部の意味の違いを説明しましょう。

(1) 責任感の強いAは、たぶん来るだろう。Bも来そうだが、まだわからない。

(2) 「おや、おいしそうだね。」「部長、こちらの写真の店の方がおいしいようですよ。」

Answer 解説②

推量、様態、推定と、似たようなことばで説明されると、違いがよくわからないこともあります。

「来るだろう」：推量
　「来る」ことを基本的に信じているが、「来る」という断定よりも柔らかく表現する。
「来そうだ」「おいしそうだ」：様態
　言動・状態など、「来る」「おいしい」と判断できる根拠が、知覚できる形で存在している。特に味覚などについては、実体験がなければ「おいしい」と言えない。
「おいしいようだ」：推定
　「おいしい」と判断できる根拠が、記事などの外部情報に見られ、そこから話し手自身が判断して述べる。

「雨が降りそうだ」は、雲行きなどから誰でもすぐに判断できる場合に使われ、「雨が降るようだ」は、天気予報などさまざまな根拠から話し手自身が考えた上で判断して述べる場合に使われるという違いがあります。様態と推定は、判断に至る思考過程が異なります。

ほかにも「降るらしい」や「降るそうだ」など、見たり聞いたりした内容をそのまま伝える伝聞という用法もあります。さまざまな判断根拠によって使い分けている微細な表現の違いを楽しみましょう。

Think 問題③

「と思います」を頻用する文をよく見かけます。しかし、同じ形式を使いすぎると文が単調になります。次の作文を参考にして、「と思います」が、どのようなときに必須で、どのようなときに省略できるかを考えましょう。

　　（ディスカッション授業の感想文）
　　　きょうの議論は興味深かったと思います。ただ、予備調査をしてこなかった人が多いことは残念に思いました。もっと皆、調べてくるべきだと思います。このままだと、よい発表ができないと思います。だから、私ももっと調べて、友だちとも話し合いたいと思います。（大学生）

§10……助動詞(3)

Connect 古典文法と比較してみよう

　古典文法にも、判断のあり方を表す助動詞が多く見られます。しかし、「む」と「らし」以外は、すべて語源的には複合形と考えられています。

　未然形接続の「む」は、一人称が主語の意志動詞に続けばその事態の実現を意図、つまり意志表現となり、無意志動詞に続けば推量、さらには適当であるという判断となります。両者の基本は、未実現事態に対する想像の提示です。終止形接続の「らし」は、現代語の「らしい」とは別語で、根拠に基づく推定です。推定は根拠があり、推量は必ずしも根拠がありません。

　「らし」、「めり」、「なり」も、それぞれの証拠に基づく推定表現です。下の表に語源説を示しましたので、参照しながら意味をよく考えてみましょう。

形式（語源説）	意味	例文	現代語訳
[未] む [未] むず (←むとす)	① 推量（だろう） ② 意志（しよう） ③ 適当（がよい） ④ 婉曲（ような）[連体形]	道にて雨もや降らん [蜻蛉] 男もすなる日記といふものを女もしてみむとて [土佐] 鳴り高し。鳴りやまむ。[源氏] 思はむ子を法師にしたらむこそ心苦しけれ [枕]	降るだろう してみよう 静かにするがよい 思う子／すること
[終] らむ (←完了「り」[未] +「む」)	① 現在推量（〜ているだろう） ② 現在の原因推量（〜のだろう） ③ 婉曲（ような）[連体形] ④ 伝聞（〜そうだ）	憶良らは今は罷らむ子泣くらむ [万葉] 久方の光のどけき春の日にしづ心なく花の散るらむ [古今] (鸚鵡は) 人の言ふらむことを、まねぶらむよ [枕]	泣いているだろう なぜ散るのだろう 言うようなこと まねするそうだよ
[用] けむ (←過去「き」[未] +「む」)	① 過去推量（〜ていただろう） ② 過去の原因推量（〜たのだろう） ③ 過去伝聞（〜たという）	(桐壺更衣には) さるべき契りこそはおはしましけめ [源氏] 前の世にも御契り深かりけむ、世になく清らなる玉の男御子さへ生まれ給ひぬ [源氏] 増賀ひじりの言ひけむやうに [徒然]	おありになったのだろう 深かったのだろう 言ったというように
[未] じ (←否定「ず」?)	① 打消推量（ないだろう） ② 打消意志（するまい）	月ばかりおもしろきものはあらじ [徒然] 京にはあらじ [伊勢]	ないだろう 京には住むまい
[終] らし	根拠ある推定（にちがいない）	春過ぎて夏来たるらし白栲の衣ほしたり天の香具山 [万葉] 夕されば衣手寒しみ吉野の吉野の山にみ雪降るらし [古今]	来たにちがいない 降っているにちがいない
[終] めり (←見あり?)	① 推定（ようだ・に見える） ② 婉曲（ようだ）	(源氏が若紫を垣間見て) 簾少し上げて、花奉るめり [源氏] もののあはれは秋こそまされと人ごとに言ふめれど [徒然]	お供するようだ 言うようだが
[終] なり (←音あり)	① 聴覚による推定（ようだ） ② 伝聞（という・そうだ）	笛をいとをかしく吹きすまして過ぎぬなり [更級] 男もすなる日記といふものを女もしてみむとて [土佐]	通り過ぎたようだ すると聞く

すべての形式について確認する必要はありません。推量と推定の違いをまず確認しましょう。

Column　接続形には意味がある

　助動詞は、前から、未然形接続（「られ」「なかっ」）、連用形接続（「た」）、終止・連体形接続（「だろ(う)」）のように続きます。文の中核的要素と一体化しやすい受身や否定は未然形に、時間的意味をもつ助動詞が連用形に続き、できごと全体を包み込む話し手の判断のような成分は連体形や終止形でつながるのです。

　古典語の推量は、「む」やその否定の「じ」が、基本的に未実現を表すため未然形に接続しますが、一般的には、全体を包み込んで判断するため終止形に続きます。「判断」という機能を考えれば、終止形接続は自然なことです。また、時間的要素である「き」を含む「けむ」が「たり」と同じ連用形に付くのも当然に思えてきます。

　助動詞は、一部を除き、必然性があってその活用形に続いているのです。

§10──助動詞(3)

Action 身近な日本語から考えてみよう

日本語では、自分の気持ちを表す場合と他者の気持ちを表す場合とで、表現のしかたが違ってきます。右は夏目漱石『坊っちゃん』の一節です。この中で、「信じている」という表現が2度出てきます。それぞれの主語を考えてみましょう。

「おれ」が主語になっている部分では、「信じている」に何も助動詞が付いていませんが、最後の「信じている」には「らしい」が付いています。これは、「世間の大部分の人」が主語になっているためで、他人の気持ちは察するほかない、そのため察したことを表す「らしい」などの助動詞を付けなければならないからです。これが日本語の考え方です。

> 赤シャツはホホホホと笑った。別段おれは笑われるような事を云った覚えはない。今日ただ今に至るまでこれでいいと堅く信じている。考えてみると世間の大部分の人はわるくなる事を奨励しているように思う。わるくならなければ社会に成功はしないものと信じているらしい。
> （夏目漱石『坊っちゃん』）

「ようだ」も、同様に、主語の内面を表現するために用いられることがあります。下女である「清」の気持ちは、やはり察するしかありません。そのため、左のように「ようだ」を用いて表現しています。

ちなみに、『坊っちゃん』の中では、「どこへでも随行して行く。まるで同輩じゃない。主従みたようだ。」と使われる箇所があります。「みたい」の語源は、この「みたようだ」と言われています。

> ある時などは清に（おれは将来）どんなものになるだろうと聞いてみた事がある。ところが清にも別段の考えもなかったようだ。
> （夏目漱石『坊っちゃん』）

手近な文学作品から、他者の内面を描く表現を探してみましょう。

§10……助動詞(3)

Question 発展問題

(1) 「医者に、『あなたは風邪でしょう』と言われると、自信なげに聞こえる」という話を聞くことがあります。これは、推量の「でしょう」をどのような意味として捉えているためでしょうか。実際に、医者は「推し量って」考えを述べているのでしょうか。専門家が自分の専門のことについて述べる場合に使う「だろう」「でしょう」について考え、推量とは何か考えてみましょう。

(2) 英語では、'she is sad.' や 'she is happy.' と言うことができますが、日本語では、「彼女は悲しい」や「彼女は嬉しい」と言えません。他者の感情や感覚など内面表現をどのように表すか、さまざまな言語の言い方について調べてみましょう。

Reflection

学習して深まったことをまとめましょう。疑問・質問があれば、書き留めておきましょう。

§11 助動詞に似た働きの形式(1)
評価と働きかけ

Point 基本の確認

宿題は、どうせやらなければならないのだから、早くやりなさい。

　話し手の捉え方の表現には、§10で見た判断やもくろみの表現のほか、義務・必要性や許可・許容などの話し手の**評価**の表現と、命令、依頼、勧誘などの**働きかけ**の表現があります。

　話し手の評価を表すのは、「～なければならない」「～ざるをえない」「～べきだ」といった**義務・必要**の表現と、「～て(も)いい」などの**許可・許容**の表現です。動詞の意味と、主語が動詞に対してどのような関わりをもつかによって、意味が微妙に変わってきます。

　働きかけの表現には、命令形や「～なさい」といった**命令**表現、「～てください」「～てほしい」などの**依頼**表現、「～(よ)う」「～ないか」などの**勧誘**表現などがあります。

　評価を表す表現が、働きかけの機能をもつこともあります。このように、評価や働きかけの表現は、聞き手に対し行為を強制したり促したりする表現ですから、適切に使わないと聞き手の機嫌を損ねることにもなりかねません。待遇とも関連づけて考えておくことが大切です。

Think 問題①

次の各文について、下線部の意味の違いをことばで表現しましょう。

(1) a. この大学では、卒論を書か<u>なければならない</u>。
　　b. 大学生なのだから、これくらいわから<u>なければならない</u>。

(2) a. この大学では、卒論を書い<u>てもいい</u>が書かなく<u>てもいい</u>。
　　b. このノート、持って行っ<u>てもいい</u>ですよ。もう使いませんから。

(3) a. 勉強<u>しろ</u>。
　　b. <u>落ち着け</u>。
　　c. 雨、雨、<u>降れ</u>、<u>降れ</u>。

§11……助動詞に似た働きの形式(1)

Answer 解説①

意味の違いをことばで表現する際に困ったことは何ですか。

> □　どのようなことばで表現すればよいのか困った。

　ある形式のもつ意味を「適切なことば」で説明することは簡単なことではありません。「～なければならない」は、(1a)の「書く」のような意志動詞とともに用いた場合、**義務**を表します。一方、(1b)のような無意志動詞に続く場合には、義務とは言いにくいため、ここでは**必要**と呼んでおきましょう。同じ形式の類似した意味でも、どのような動詞に続くかという環境によって呼び分けることが求められます。

　同様に、「～てもいい」は、(2a)のように一般的な主体の意志的動作に付けば**許容**を表しますが、(2b)のように聞き手の動作に対し用いれば**許可**の表現になります。

　命令の形式も、その動作に対し主語が制御可能か否かで、さまざまな意味になります。(3a)の「勉強しろ」のように、主語が勉強しようと思えばできる場合、つまり完全に制御可能な場合には、**動作遂行の命令**です。一方、(3b)では、完全に「落ち着く」という動作を制御できませんので、「落ち着こうと努力する」ことを命令しているだけです。このような命令を**努力の命令**と呼びます。さらに、(3c)のように無情物が主語になる場合には、そう願っているだけの**希求**用法となります。

　わからないまま用語を覚えるのでは、語彙力も思考力も育ちません。上のことばにこだわらず自分なりのことばでよいので、よりよい表現を考えましょう。

Think 問題②

次の各ペアの意味の違いを、自分のことばで説明しましょう。

(1) a. パーティは好きではないが、きょうの会には出なければならない。
　　b. パーティは好きではないが、きょうの会には出ざるをえない。

(2) a. 契約違反をしたのだから、違約金を払わなければならない。
　　b. 契約違反をしたのだから、違約金を払うべきだ。

(3) a. 暑いようでしたら、窓をお開けください。
　　b. 少々暑うございますので、窓をお開けください。

Answer 解説②

「〜なければならない」も「〜ざるをえない」も義務の表現ですが、動作に対する態度が異なります。「〜ざるをえない」には、気が進まないという気持ちが込められていますが、「〜なければならない」には、このような躊躇が感じられません。

同様に「〜べきだ」と「〜なければならない」にも違いがあります。「〜べきだ」は、道理や状況から考えて、それが当然であることを表す表現です。しかし、最終判断は動作をする人に委ねられていますから、強制力の点で「〜なければならない」に及びません。つまり、(2a)は、法律などほかの拘束力のある何かで決められているのに対し、(2b)はあくまで道理として説いているにすぎないという差が感じられます。

働きかけの表現を用いる(3)でも、違いが感じられます。この場合、「開けたい」と願うのが誰かを考えてみましょう。(3a)は聞き手が望む場合に聞き手自身が開けることを促していますが、(3b)では聞き手が話し手のために窓を開けることを話し手が望んでいます。言い換えれば、(3a)は聞き手に「開ける」ことを許容する表現であるのに対し、(3b)は依頼表現だということです。

日本語には、微妙な差を言い分ける表現が多くあります。それぞれの場面で適切に使えるようにしましょう。

Think 問題③

次の会話や作文の「誤り」を、待遇の適切さという観点から指摘しましょう。

(1) 部長：山下君、ちょっと暑いよね。クーラー付けてもいいかな。
　　山下：いいですよ。

部長の意向をよく考えてみましょう。

(2) 学生：先生、プリントを忘れました。見せてください。

自分に非がある場合の適切な頼み方を考えましょう。

(3) わたしは、やくざいしになりたいです。それは、お母さんが「やくざいしになったほうがいいよ」と言ったからです。(小2)

「〜ほうがいい」と「〜たらどう？」の違いは、発展問題でも取り上げます。

§11……助動詞に似た働きの形式(1)

Connect 古典文法と比較してみよう

　現代語で多様な複合表現が用いられる判断の表現ですが、なぜ、このような長い表現を用いるのでしょう。実は、この課で取り上げた表現の多くは、古典語で、「べし」（否定の場合「まじ」）で表されていました。

　「べし」は、本来、未確認のできごとが、道理や状況から考えて、本当はそのようであるか、そのようになることが当然であることを意味する助動詞です。ここに、主語の意志がどう関わるかが加わり、さまざまな解釈が生まれます。

　主語の意志と判断の根拠、さらに話し手の思いの強さで大まかに分けて考えてみましょう。

主語の意志に関わらないできごと
道理から考えて
① 当然・確信（〜はずだ・〜に違いない）
　◆いみじくおぼし嘆くことあるべし
　　((かぐや姫は) 嘆きなさるに違いない)
　予定（〜ことになっている）
　◆舟に乗るべき所へ渡る
　　(乗ることになっている所)

知覚した兆候など状況から考えて
② 推定（〜ようだ）
　◆わが背子の来べき宵なりささがにの
　　くものふるまひかねてしるしも
　　(蜘蛛の動きから見て、来るようだ)

主語の意志的動作
③ 義務（〜なければならない）
　◆（出家する人は望みを）捨つべきなり
　　(捨て去らなければならない)
④ 許可・許容（〜てもいい）
　◆うちまかせて歌に詠むべし
　　(普通に歌に詠んでもいい)
⑤ 適当・助言（〜のがいい）
　◆家の作りやうは、夏をむねとすべし
　　(夏を主とするのがよい)
⑥ 意志（〜う・よう、〜つもりだ）
　◆宮仕へに出だし立てば死ぬべしと申す
　　(死ぬつもりだ　←　死ぬのがいい)
⑦ 可能（〜できる）
　◆さりぬべき折をも見て、対面すべくたばかれ
　　(逢えるよう工夫しろ)

　現代語訳として当てる形式の意味も、正しく捉えましょう。

Column 文法化

　義務を表す「なければならない」や、可能性を表す「かもしれない」は、ひとつの形式なのでしょうか。「なければならない」の場合、「ない」という形容詞の仮定形に接続助詞の「ば」がついて、さらに「なる」という動詞の未然形に「ない」という助動詞が付いたなどと分解してそれらを足し算しても、すぐには義務の意味に結びつきません。やはり全体でひとつの形式なのです。

　言語は、その言語に不足する表現を、既存の要素を用いて表現します。「に」＋「あり」から一語化した断定の助動詞「なり」や、名詞「辺」が変化した格助詞「へ」は、既存の語から新たに文法表現になったものです。このような現象を「文法化」といいます。文法化は、より細かく豊かに表現するための進化の一面です。

§11……助動詞に似た働きの形式(1)

Action 身近な日本語から考えてみよう

依頼表現は、相手との関係性でもっとも形式が変わりやすい表現です。

現代語が生まれようとしていた明治時代の代表作のひとつ、二葉亭四迷の『浮雲』(1887-89)には、「〜て下さい」という依頼表現が5回出てきます。右の会話では、「打遣ってお置きなさいヨ。」と言うお勢に対し、文三は、やや丁寧に「罷めて下さい」と言っています。しかし、この小説の中で、ほかの依頼表現は、調べた限り見られません。「〜て。」も使われず、ましてや「〜てもらえませんか」も一度も使われていません。

> 「打遣ってお置きなさいヨ。あんな教育の無い者が何と言ッたッて好う御座んさアネ」
> 「イヤそうでない、それでは済まない、是非お詫を申そう。がしかしお勢さん、お志は嬉しいが、もう母親さんと議論をすることは罷めて下さい、私の為めに貴嬢を不孝の子にしては済まないから」
> （二葉亭四迷『浮雲』）

それから60年。終戦直後の代表的作家のひとり坂口安吾の『肝臓先生』(1950)には、「〜てもらいたい」という依頼表現も見られます。

依頼表現は、時代とともに変わってくるものなのです。

> 「せっかく意気ごんで来てくれたのに、夢の一日は煙と消えて、こんなことを頼むのは恐縮だが、君にひとつ尽力してもらいたいことがある」
> 「なんだい」
> 「詩をつくってもらいたい」
> （坂口安吾『肝臓先生』）

現代小説では、どのような依頼表現が使われているか、自分でも調べてみましょう。

§11……助動詞に似た働きの形式(1)

Question 発展問題

(1) わからないことがある人に対して、「先生に聞いたほうがいいよ」と言いますか。それとも、「先生に聞いたらどう」と言いますか。どちらが丁寧に感じるか、何人かに聞いて、理由とともに考えてみましょう。

(2) 英語の'must'は、話し手の評価を表す「～なければならない」と、確信的判断の「～に違いない」の2つの日本語に対応します。このことから、日本語の「～なければならない」と「～に違いない」の共通点を考えてください。同様に'may'についても考えてみてください。

Reflection

学習して深まったことをまとめましょう。疑問・質問があれば、書き留めておきましょう。

＿＿＿＿・＿＿＿・＿＿＿

§12 助動詞に似た働きの形式(2)
補助動詞・複合動詞

Point 基本の確認

友だちが、絵を描きだしたと、電話を掛けてきたので、行ってみた。

　この文では、本来の動詞「来る」「見る」が意味的に変容して使われています。このような、接続助詞「て」を介し動詞にさまざまな意味を添える動詞を**補助動詞**といいます。

① 時間表現　　　　（〜て）いる、（〜て）ある、（〜て）おく、（〜て）しまう
② 恩恵表現　　　　（〜て）くれる、（〜て）あげる、（〜て）もらう
③ 移動表現　　　　（〜て）いく、（〜て）くる
④ 試行表現　　　　（〜て）みる、（〜て）みせる

　学校文法では、ほかに、断定の「(で)ある」や尊敬の「なさる」も補助動詞です。
　同じように、「絵を描きだした」の「だした」のように、主たる動詞の連用形に付き意味を添える**複合動詞**（一部に複合形容詞を含む）もさまざまに使われます。

⑤ 時間表現　　　　（〜）始める、（〜）出す、（〜）続ける、（〜）止む、（〜）きる
⑥ 方向表現　　　　（〜）上がる、（〜）降りる、（〜）回る
⑦ 可能・難易表現　（〜）かねる、（〜）やすい、（〜）にくい、（〜）づらい
⑧ 相互表現　　　　（〜）合う
⑨ 程度表現　　　　（〜）果てる、（〜）すぎる　　　　　　　　　　　　　など

　これらの形式を付加することで、日本語は多様な意味を動詞に添えて表現しています。

Think 問題①

次のペアの意味の違いを、自分のことばで表現しましょう。
(1) a. 今、勉強をすれば、後で役に立つだろう。ともあれ学ぼう。
　　b. 今、勉強をしておけば、後で役に立ってくるだろう。ともあれ学んでみよう。

(2) a. 窓が開いていた。
　　b. 窓が開けてあった。

§12 助動詞に似た働きの形式(2)

Answer 解説①

補助動詞を考える際に困ったことは何ですか。

> ☐ 述部の読み方でも変わってくると感じたため、読み方に苦労した。
> ☐ 「開いていた」も「開けてあった」も、状態は同じような気がした。

　補助動詞は、述語単独では表せない状況を詳細に述べる機能をもっています。それだけに、上手に使えれば、表現も詳細で豊かに描くことができるようになります。

　(1)では、「今、勉強をすれば」と比べ「勉強をしておけば」が、「準備」の意味を強く表現しています。また、「役に立つ」より「役に立ってくる」には、「徐々に」という意味が加わります。さらに、「学んでみよう」には、「学ぼう」で十分表現されない「結果はよくわからないけれど試しに」という意味が込められています。

> 　補助動詞は、前に置かれた実質的な意味をもつ動詞に対し補助的な意味を添える動詞です。そのため、ふたつの動詞はひとつのかたまりのように発音されるのがふつうです。学校文法で補助動詞は、ふたつの文節が補助の関係を有していると捉えられますが、実際には、助動詞に近い性質をもっていると言えます。

　(2)の場合、(2a)は自動詞の「開く」に補助動詞「(て)いる」が付いたもので、(2b)は他動詞の「開ける」に「(て)ある」が付いたものです。自動詞は、自然とそうなることを表すだけでなく、結果の側面に着目して描く表現です。そのため、「開いていた」は、結果の状態を単純に観察し表現したものとなります。一方、他動詞「開ける」は、意志的な動作です。他動詞は動作過程を含み、「開けてある」は意図的な動作の結果を表します。状態としては同じでも、結果に至る過程の違いが両表現には見られます。

Think 問題②

次の各組の意味の違いを、自分のことばで説明しましょう。

(1)　a. 妹がお弁当を作った。
　　　b. 妹がお弁当を作ってくれた。
　　　c. 妹にお弁当を作ってもらった。

(2)　a. 隣の人が大声で歌った。
　　　b. 隣の人に大声で歌われた。
　　　c. 隣の人に大声で歌ってもらった。

§12……助動詞に似た働きの形式(2)

Answer 解説②

　恩恵の補助動詞表現には、私が恩恵を与える側になる「～てやる」(「～てあげる」)と、私が恩恵の受け手になる「～てくれる」(「～てくださる」)、「～てもらう」(「～ていただく」)があります。

　(1)は、感情を込めずできごとを描写する(1a)に対し、(1b)も(1c)も「妹」の行為を恩恵として捉えていることを表す表現です。しかし、(1b)の「～てくれる」は「妹」が主語になっていることからもわかるように、「妹」の行為を「私」が恩恵として捉えただけです。一方、(1c)の「～てもらう」は、主語の「私」がより強く関与します。この場合、「妹」に頼んで作ってもらったという、使役に準ずる働きを「～てもらう」が示しています。

　恩恵表現と対立するのが被害の受身です。(2)の(2a)のように言っただけでは、それが恩恵的なのか迷惑なのかはわかりません。合唱指導で大きな声を出すよう言われていれば(2a)はよいことですが、もしかしたら「私」は恥ずかしさを感じるかもしれません。

　しかし、(2b)のように間接受身表現を用いれば、必ず迷惑の意味が感じられます。一方、(2c)のように「～てもらう」を用いれば恩恵的に捉えていることが表されます。

　<u>日本語は、できごとが話し手にとって恩恵的であるか迷惑であるかを表す装置を多くもった言語なのです。</u>

Think 問題③

次の作文の「誤り」を、補助動詞の観点から指摘しましょう。

(1)　こころの中で、早く帰ってお母さんに(水泳の試験に合格したことを)知らせたくてたまりませんでした。家で、
　「みどり線がうかったよ。」
　と言うと、お母さんも
　「よかったね。」
　と言いました。(小2)

(2)　サッカーのれんしゅうでみさと小としょうぶして、まけました。くやしいです。来週もしょうぶするから、こんどはかってみたいです。(小2)

過剰な使用にも注意しましょう。

§12……助動詞に似た働きの形式(2)

Connect 古典文法と比較してみよう

古典文法の補助動詞を、現代語文法でいう補助動詞と比べてみましょう。

形式	意味	例文	現代語訳
[に] あり [用] あり	述語化（〜である）	いとやむごとなき際にはあらぬが［源氏］ 有明の月さやかなれども、限なくはあらぬに［徒然］	身分ではない方が はっきりしているが
[用] おはす [用＋て] おはす	尊敬（〜ていらっしゃる）	かかる人も世に出でおはするものなりけり［源氏］ 小松大臣こそ、心も剛にはかりこともすぐれて**おはせ**しか［平家］	生まれていらっしゃる すぐれていらっしゃる
[用] おはします	尊敬（〜ていらっしゃる）	重き病をし給へば、え出で**おはします**まし［竹取］	出ていらっしゃれないだろう
[用] をり	進行（〜ている）	（嫗は）ただしき仰ぎて泣き**をり**［竹取］	泣いている
[用] ます	①尊敬（〜ていらっしゃる） ②謙譲（お〜申し上げる）	我が背子が帰り来**ます**時のため命残さむ［万葉］ 天照御神を念じ**ませ**［更級］	帰っていらっしゃる お祈り申し上げよ
[用] たまふ（四段） 　　　　　（下二）	①尊敬（お〜になる） ②謙譲（お〜する）	（かぐや姫は）人目をいまはつつみ**たまは**ず泣き**たまふ**［竹取］ あるじのむすめども多かりと聞き**たまへ**て［源氏］	憚りにならずお泣きになる お聞きして
[用] 奉る	謙譲（お〜する）	（光源氏を）かかるついでに見**たてまつり**給ふやも［源氏］	お姿を拝見し
[用] 申す	謙譲（お〜する）	あはれにもうれしくも会ひ**まうし**たるかな［大鏡］	お会いした
[用] 聞こゆ	謙譲（お〜する）	竹の中から見つけ**聞こえ**たりしかど［竹取］	お見つけしたが
[用] 参らす	謙譲（お〜する）	おどろかるるまでぞまもり**まゐらす**る［枕］	お見つめする
[用] はべり	丁寧（〜ます）	夜ふけは**べり**ぬべし［源氏］	夜もふけてしまいました
[用] さぶらふ	丁寧（〜でございます）	ことにほど遠くは**さぶらは**ずなむ［源氏］	ほど遠くはございません

意味の点で、どのような補助動詞が多いでしょうか。

接続助詞「て」を介する用法は、平安末期『今昔物語集』に、進行を表す「(て)いる」が現れ、次第にほかの形式に波及し、室町時代から江戸時代にかけて発展していったとされます。身分階級の崩壊により恩恵表現が発達したり、完了の助動詞が「た」に収れんする途上で代替表現が形成されたりしていきました。

Column 方向性に敏感な日本語

日本語は、ほかの言語と比べて動作の方向性に敏感です。「(〜て)やる」と「(〜て)くれる」は、英語で言えば同じ 'give' ですが、話者から見た方向性が正反対です。次のページの『白いぼうし』でも、「おふくろが速達で送りました」と言ったら、松井さんのところでなく、誰かほかの人のところに配達されてしまいます。話者へ向かう動作には、「〜てくれました」か「〜てきました」が必須です。

方向性を表すことばとして「〜てくる」も重要です。「私」が受信者となる場合には、必ず「電話を掛けてきた」と言います。「友だちが私に電話を掛けた」は、日本語として奇異に感じられます。

日本語は、「私」を中心に、動作の方向性を敏感に表す言語です。

§12……助動詞に似た働きの形式(2)

Action 身近な日本語から考えてみよう

　補助動詞は、文章を豊かにし、描写したいできごとをより正しく描くために用いられます。光村図書小学4年生の教材『白いぼうし』でも、多く用いられています。
　タクシー運転手の松井さんが、車に乗せてきた夏みかんについてお客の紳士と話している次の場面から補助動詞を探してみましょう。

　　　「ほう、夏みかんてのは、こんなにおうものですか。」
　　　「もぎたてなのです。きのう、いなかのおふくろが、速達で送ってくれました。においまでわたしに届けたかったのでしょう。」
　　　「ほう、ほう。」
　　　「あまりうれしかったので、いちばん大きいのを、この車にのせてきたのですよ。」
　　　信号が青に変わると、たくさんの車がいっせいに走り出しました。その大通りを曲がって、細いうら通りに入った所で、しんしはおりていきました。
　　　　　　　　　　　　　　　　　　　　　　　　　　　（あまん きみこ『白いぼうし』）

　この短い文章の中にも、「送ってくれました」という恩恵表現や、「のせてきた」および「おりていきました」という移動表現が用いられています。
　恩恵表現がなければ、母への感謝はもちろん表されませんし、夏みかんもどこかほかの場所へ届いたように捉えられてしまいます。また、移動表現がなければ、夏みかんもいっしょにタクシーで初夏の町を散策していることや、紳士が「汗をかきかき歩いて行くさま」なども想像できなくなるでしょう。
　補助動詞あってこその表現の味わいを感じてみましょう。

　さまざまな文学作品で、補助動詞がある場合とない場合を比べてみて、その表現意図を感じ取ってみましょう。

§12 助動詞に似た働きの形式(2)

Question 発展問題

(1) 近年、「〜にくい」と「〜づらい」の使い分けが変わってきているようです。何人かに次のような表現が許容できるかを聞きながら、使い分けを考えてみましょう。

① 彼には恩義があるから、この話、断り ｛にくい／づらい｝ なあ。
② ここからでは遠くて、絵の細かなところまでは、見え ｛にくい／づらい｝。
③ 醤油のしみは、なかなか落ち ｛にくい／づらい｝ んだよね。
④ 夏に向けて、太り ｛にくい／づらい｝ 体質を作りましょう。

　　　　　　　　　　　　　　　　　　　主語の抱いている心情を考えてみましょう。

(2) 日本語の共通語は、世界でもっとも恩恵表現の発達した言語であると言われます。その理由を、いろいろな言語の恩恵表現と比較して考えてみましょう。

　　p.72の問題②(1)のような使い分けが、ほかの言語でどのようになされるか考えましょう。可能であれば、韓国語やモンゴル語など、日本語と似た恩恵表現をもつ言語と比較しましょう。

Reflection

学習して深まったことをまとめましょう。疑問・質問があれば、書き留めておきましょう。

§13 敬語・待遇表現

Point 基本の確認

お箸をお使いになるならお持ちします。おしぼりは、ただいま持って参ります。

学校文法で3種類に分類されることが多かった敬語は、平成19年文化審議会答申である「敬語の指針」を受けて、教科書でも5分類が採用されるようになってきました。
① **尊敬語**：主語を高める敬語（上例では「お(使いに)なる」）
　　　お〜になる、れる・られる、おっしゃる、いらっしゃる、召し上がる、など
② **謙譲語**：動作の相手を高める敬語（同「お(持ち)する」）
　　　お〜する、申し上げる、伺う、いただく、拝見する、存じ上げる、など
③ **丁重語**：話し手がへりくだることでできごとを丁寧に述べる敬語（同「参る」）
　　　参る、申す、おる、いたす、存ずる
④ **丁寧語**：話をしている聞き手や場面に対し丁寧さを表現する敬語（同「ます」）
　　　です、ます、ございます
⑤ **美化語**：敬意とは別にきれいに見せたい語に付ける敬語（同「お箸」「おしぼり」）
　　　「お／ご＋名詞」のほか「おしぼり」や「ごはん」など切れないものもある

敬語の周辺としては、「〜てくれる」や「〜てもらう」のような恩恵表現や、「お茶が入りました」のような自動詞表現、「〜の方」を用いてぼかす表現などがあります。これらの表現を含めた**待遇表現**をうまく用い、よりよい対人関係を構築しましょう。

Think 問題①

次の作文の「誤り」を、敬語という観点から指摘しましょう。

(1) こちらの駐車場は、どなたでもご利用できます。どうぞご利用してください。

(2) 先生がお書きになられた本を、お買いした。

§13 敬語・待遇表現

Answer 解説①

敬語の間違いを指摘する際に困ったことは何ですか。

> ☐ よく聞く表現だから、間違いとは言いにくいものがあった。
> ☐ 仮にも敬語を使って敬意が込められているから、訂正しなくてもよいと思う。

敬語は、規則に則って作られます。「ご利用できる」の「できる」は、「する」の可能形です。つまり「ご利用できる」は「ご利用する」の可能形。「ご利用する」は謙譲語の形ですから主語を高めていません。正しくは「ご利用になれる」となります。

同様に、「ご利用してください」の「ご利用して」は謙譲語です。動作をする人に対する敬語である尊敬語ではありませんので、「ご利用になってください」か、もしくは、その省略形である「ご利用ください」を使います。

> よく使うことで正用となることもありますが、規則的に導かれる正しい形も重要です。

(2)のような二重尊敬語は、過剰とはいえ敬意が含まれているのですから、あまり敏感に咎めなくてもいいのですが、現代語では敬意はひとつという原則から、「お書きになった」、あるいは「書かれた」のいずれかの尊敬語を用います。

「お買いした」にも違和感をもつでしょう。「買う」の目的語である「本」は、ふつう謙譲の対象となりません。こういう場合には、謙譲語を使わず、「買わせていただいた」とするのがよいでしょう。「〜させていただく」は、話し手を低める丁重語の一般的な形として位置づけることが可能です。

Think 問題②

敬語は、形だけでなく使い方も問題です。次の敬語の「誤り」を説明しましょう。

(1) (学生) 先生、先日お願いした推薦状、もうお書きになりましたか。

(2) (社外との電話) 部長は、ただいまいらっしゃいません。

(3) お茶をお入れしましたよ。お飲みになりたいですか。

Answer 解説②

現代語では、敬語の形とともに運用方法が重要です。

先生が主語になって「お書きになりましたか」は、尊敬語としては正しいですが、感謝の気持ちが含まれていません。(1)では、「お書きいただけましたか」など、受益を表す「もらう」の謙譲語「いただく」を使うと謝意が表せます。現代語では、恩恵表示が重要です。

誰が主語のときに敬語を使うかだけでなく、誰と話す場合に敬語を使うべきかも考えなければなりません。日本語は、**相対敬語**というシステムを採っています。そのため、尊敬すべき人であっても、それが身内であれば外の人に対してはへりくだらなければなりません。(2)の部長は身内ですから、「おりません」と丁重語を用います。

目上の人に対して、していけないことは、まだあります。「お入れしました」と謙譲語を使ったとしても、他動詞「入れる」は、動作をひけらかすように聞こえます。自動詞を用いて「お茶が入りました」と言えば、動作主が出てこないで結果だけが示せます。また、「〜たいですか」と意向を尋ねてもいけません。「お茶をどうぞ」と勧めます。

正しい敬語の形に加えて、正しい使い方を身につけましょう。

Think 問題③

次の作文の「誤り」を、待遇表現の観点から検討し、よりよい表現を考えましょう。

(1) (大学生が指導教員に送ったメール)

　こんにちは。授業でいろいろアドバイスしてくださってありがとうございます。まだ聞きたいことがあるんですが、いつお暇ですか？
　水曜の夕方に伺ったんですが、帰宅なさっていたので。
　度々すいません。

　　　　謙譲の気持ちを出すために「私」を主語にした表現を使ってみましょう。

(2) (小学校教育実習で指導の先生の授業を見せてもらった大学生の感想)

　写真入りの自己紹介文や、世界地図などで、廊下の壁が埋め尽くされていました。自己紹介には、好きな食べ物なども書いてあって、いっしょに話をしようと思ったときに話題にできていいと思います。世界地図の方も、カラフルな色使いで、『〇〇君が来た国』など、ふきだしで書いてあって、わかりやすかったです。

　　　　日本語では他者を褒めることが待遇的にどのような意味をもつか考えましょう。

§13 敬語・待遇表現

Connect 古典文法と比較してみよう

　古典語と現代語の敬語で異なる点のひとつに、敬語の組み合わせがあります。古典語においては、「尊敬語＋尊敬語」、「尊敬語＋謙譲語」という組み合わせが用いられます。

　二重に尊敬語を使う最高敬語は、特に身分の高い人に対する敬語です。『源氏物語』桐壺の次の場面では、桐壺更衣と桐壺帝とがどちらも主語になって、尊敬語が用いられています。

　敬意の違いを手がかりに、それぞれの主語を考えてみましょう。

　　　その年の夏、御息所、はかなき心地にわづらひて、まかでなむと①し給ふを、暇さらに_{まったく}
　　　②許させ給はず。年ごろ、常のあつしさに③なり給へれば、御目馴れて、「なほしばし
　　　試みよ」とのみ④のたまはするに、日々に⑤重り給ひて

　　　　　（『源氏物語』桐壺　小田勝『古代日本語文法』p.218 より。下線とともに引用。語注と番号は筆者）

　尊敬語と謙譲語の組み合わせも探してみましょう。

　　　さぶらひに⑥まかで給ひて、人びと大御酒など参るほど、親王たちの御座の末に源氏着き
　　　給へり。大臣⑦気色ばみきこえ給ふことあれど、もののつつましきほどにて、ともかくも
　　　⑧あへしらひきこえ給はず。　　　（『源氏物語　桐壺』（岩波書店　新日本古典文学大系19）による）

　下線部⑥〜⑧では、「まかづ（退出する）」、「きこゆ（謙譲の補助動詞）」と尊敬の補助動詞「給ふ」がいっしょに使われています。

　現代語訳を考えてみましょう。

Column　敬意表現はどの言語にもある

　日本語の敬語は、世界でもっとも複雑です。韓国・朝鮮語では、尊敬語は発達していても謙譲語は語彙的に限られています。ただ、チベット語やペルシャ語でも、尊敬語、謙譲語、丁寧語が発達しており、日本語だけが複雑なのではありません。

　さらに、敬意表現はどの言語にもあります。ヨーロッパの言語では、どんな相手にでも you を使える英語がむしろ例外的で、主語の形だけ挙げても、ドイツ語の du(君) と Sie(あなた)、フランス語の tu(君) と vous(あなた)など、親しい場合とそうでない場合は区別されます。中国語の nǐ(你) と nín(您) も同様です。

　特に、依頼しにくいことを依頼する場合には、英語を含めどの言語でも丁寧な表現方法が採られます。日本語だけが特別だということではないのです。

Action 身近な日本語から考えてみよう

敬語は、誰が使えなければならない表現なのでしょうか。

コンビニエンスストアやファミリーレストランで誤った敬語を使っていると怒る客もいると聞きますが、本当に日本語を愛する人であれば、アルバイトの敬語初心者をいじめたりしません。なぜならば、他者を攻撃することばこそ、敬意のないことばの最たるものだからです。

この点を踏まえ、次のa～dのような表現について、①～③の観点で考えてみましょう。
① なぜ「誤り」であると言われるのか（形式に問題があるのか、運用に問題があるのか）
② 「正しい表現」は何か
③ その人が「正しい表現」を使うことで、誰がどのような利益を受けるのか

a. お弁当、お温めしますか？（コンビニエンスストアの店員）

b. こちら、コーヒーになります。（ファミリーレストランの店員）

c. お求めやすい価格になって新登場（自動車のテレビCM）

d. 次の議題に移らせていただきます（教育委員会の会議の司会者）

ほかにも、気になった表現を、①～③の観点で考えてみましょう。

§13 敬語・待遇表現

Question 発展問題

(1) 現代語においては、尊敬語と謙譲語を同時に用いることができません。なぜ、このような制限があるのでしょうか。具体的な例を挙げて考えてみましょう。

(2) 英語などほかの言語は、どのように「敬意」を表すでしょうか。ペンを貸してほしいとき、どのように依頼するか、もっともふつうに頼むときの表現と、もっとも丁寧に頼むときの表現を例に、いろいろな言語の「丁寧な話し方」を、その言語の話者に聞きながら比較してみましょう。

Reflection

学習して深まったことをまとめましょう。疑問・質問があれば、書き留めておきましょう。

§14 文章・談話

Point 基本の確認（終助詞・文末表現）

もうすぐ映画が始まる<u>よ</u>。切符は持ってる<u>ね</u>。あれ、太郎は、どこへ行った<u>かな</u>。

終助詞は、主に話しことばで述部に付いて、伝達内容に対する話し手の態度や、聞き手への伝達姿勢を表す小さな語です。それぞれの主立った機能から次のように分けて考えることができます。

① 発信系終助詞：聞き手に対し発せられる情報伝達のあり方を表す
　　ぞ、さ、わ、よ、や、とも
② 確認系終助詞：話し手も有している情報を聞き手に確認する
　　ね、な、よね
③ 疑問系終助詞：話し手にとって不確かな情報について聞き手に答えを求める
　　か、かな、かしら
④ 説明系終助詞：上昇調で説明を求めたり下降調で説明をしたりする
　　の

禁止の「な」（例「行く<u>な</u>」）については、終助詞に含めない立場があります。
　書きことばを優先する学校文法において、終助詞はあまり重要視される形式ではありませんが、話しことばでは大切な要素です。

Think 問題①

次の文で使われている終助詞を文法的に説明しましょう。

(1) 「もうすぐ雨降るよ。傘は持ってきたか？」
　　「雨が降るのは、夜だね？ 君は持って来たか。用心深いね。」

(2) 「用があるの。先に帰ってもいいかしら。」
　　「勝手なことを言うね。そんなこと許されるものか。」

§14 ── 文章・談話

Answer 解説①

終助詞を説明する際に迷ったことは何ですか。

> ☐ イントネーション次第で変わる意味をどう表現するか難しい。
> ☐ 「ものか」は、全体で終助詞なのか、「か」だけを終助詞と見るべきか迷った。

終助詞は、イントネーションで意味が変わる場合があります。「か」は、上昇調イントネーションでは疑問ですが、下降調では納得を表します。上昇調では話し手の知識を聞き手に確認する用法の「ね」も、下降調では、単純な伝達の意味になることがあります。

> 終助詞は、「詠嘆」や「強調」という漠然とした意味で記述するだけでなく、話し手と聞き手がどのような情報を有しているかを考えて細かな機能を捉えましょう。

語源を重んじる学校文法では、「ものか」を、「もの」という形式名詞に「か」という終助詞が付いたものと考え、ふつう終助詞に含めません。ただ、全体で反語という意味をもつことから、「ものか」全体で終助詞相当の機能をもつと考えてよいでしょう。

「の」も、格助詞の一種である準体助詞「の」から派生したものです。ただし、準体助詞というだけでは説明のできない説明的態度（疑問文では、説明を求める態度）を表す点で、終助詞と認めてよいでしょう。

終助詞を、機能面から正しく捉えることが大切です。

Think 問題②

次の下線部を、（ ）の中の表現と比べて、意味の違いを考えましょう。

(1) 私は多数決に反対でした。意見を十分に聞かないで数だけで決めたく<u>ありませんでした</u>（なかったのです）。

(2) ○○さんは、いつからこの仕事を<u>しているんですか</u>（していますか）。あと、どうして、この仕事をしようと<u>思いましたか</u>（思ったんですか）。

Answer 解説②

　「のだ」(「んだ」)は、ふつう終助詞には含まれませんが、前文に理由を添えたり、また、前文を換言したりする働きをもつ重要な文末表現のひとつです。

　(1)の文では、「多数決に反対である」ことと、「数だけで決めたくない」ことが、別々に述べられているにすぎません。しかし、第2文を「なかったのです」とすることで、「多数決に反対である」ことの理由を「数だけで決めたくない」と説明して述べる、つながりのある一連の文章となります。

　このような、<u>後続する文末で「のだ」を用い説明を補う文章は、説明文でよく見られます</u>。

　(2)では、よりシンプルに、話し手が説明を求めたり説明的に話したりするために「のだ」が用いられています。たしかに、「していますか」よりも「しているんですか」の方が、説明してくださいという積極的な気持ちが表されますが、あまり使いすぎるとくどくなります。逆に、「どうして」のような理由を求める疑問文では、ふつう、「思ったんですか」のように「のだ」を含む形が用いられます。

　文章中では、よく、<u>「のだ」を用いて説明的に述べている箇所に、筆者の主張が込められています</u>。

Column 「文法」とは

　「文法」ということばは、ふつう、語と語がどのようにつながれるかを記述・分析する統語論(syntax)と、語が文の中の位置によってどのように変化するかを記述・分析する形態論(morphology)からなります。ときに、音に関する音韻論や意味論も文法に含まれますが、一般に「文法」は、統語論と形態論の上位概念です。

　明治以後、このような西洋の「文法」に触発され、明治時代から昭和初期には、多くの文法体系が構築されました。現在の学校文法は、橋本進吉による「文節」という考え方を核に作られたものですが、同時代にも、また戦後も多くの文法体系が唱えられました。現代では、談話文法も重要な「文法」です。

　「文法」は、何を中核に置くかで変わるもの。目的に応じて使っていきましょう。

§14 文章・談話

Point 基本の確認（接続詞・談話）

　　がんばってテスト勉強をした。（　　　　　）、結果は80点だった。

　学校文法の**接続詞**は、前後の文の論理的関係を表すと説明されます。しかし、音声は前から後に流れていくもの。接続詞も実際には、前の文とどのような論理的関係をもった文が後に続くかを予測させる働きをもっています。

　たとえば、「がんばって勉強した。しかし、」と言えば、その後に、「あまり結果がよくなかった」との予想がなされます。

　「がんばってテスト勉強をした」と「結果は80点だった」との関係性はさまざまです。いつも高得点を獲得する人であれば、「しかし」と逆接で結びたくなりますが、いつもは、合格点すれすれしか取れないという人であれば、「だから」と順接で結びます。話者の捉えている因果関係が表されるのが、接続詞を含む接続表現です。

　接続詞がなくても、文はつながりをもちます。「がんばってテスト勉強をした。結果は80点だった。」と接続詞を使わなくても、「テストの結果」という関係から、これらの2文がつながっている（**結束性**がある）と感じられます。

　文章や談話（まとめて「**談話 discourse**」といいます）には、談話を結びつける文法的な装置があります。

Think 問題③

接続詞が用いられていない次のような談話が、なぜ結束性をもつのか考えましょう。

(1)　昨日、友だちに本を借りた。それを徹夜で読んで、今朝、もう返した。

(2)　妻：（写真を見ながら）いっしょに写ってるこの娘、誰？
　　　夫：ぼくが愛しているのは、君だけだよ。

Answer 解説③

文のつながりを考える際に迷ったことは何ですか。

> □ 省略が多くて、文章として成り立っているのだろうか。
> □ (2)は、質問に答えていないから、そもそも会話になっていないのではないか。

(1)では、「それを」という指示詞が前文の「本」を受けています。このような、指示、および代用は、談話の結束性を保障するもっとも有力な手段のひとつです。

また、日本語では、既出や状況から理解できる人物を、あえてことばで言い表さないで省略します。この省略も、談話がつながっているからこそできることです。

　　昨日、[私は] 友だちに本を借りた。それを [私は] 徹夜で読んで、今朝、[私は][友だちに][それを] もう返した。

(2)で、夫が「彼女は会社の同僚だよ」と言えば、主語が同じであるためつながりがわかりやすく感じられますが、(2)の会話でも、立派に成り立っています。その理由は、この妻の発話は、この場面で、「夫の浮気を疑っている」という機能をもち、その疑いに夫は、「愛がほかの女性に向けられていることはない」と答えているからです。

まとまりある談話は、文法的、語彙的な結びつきだけでなく、その場面における発話の機能を正しく理解し正しく応答することによって得られます。

Think 問題④

次の作文を、「わたし」の視点から、よりつながりがあるように整えてみましょう。

　わたしは、おとうさんに、「わたしできるかな。」と、わたしが言いました。

　おとうさんがわたしに、「だいじょうぶだよ。」と、おとうさんが言って、あんしんしました。

　わたしは、一回、一人でやりました。「こわいよ、手をつないで。」と言いました。

　おとうさんが「いいけど、一人でやるのもいいよ。」と言いました。

　「えーでも、おねがい。できたらすぐ一人でやるから。」

　おとうさんが、「やくそくだよ。」

　そしておとうさんと、手をつないでやったら、できました。(小2)

　　　　主語を「わたし」に揃えるほか、「～てくれる」などの恩恵表現で視点を「わたし」に揃えます。

§14 文章・談話

Connect 古典文法と比較してみよう

古典文法では、下のような終助詞を用いるとされています。

形式	意味	例文	現代語訳
な	禁止（〜するな）	あやまちすな［徒然］	けがをするな
そ	禁止（〜しないでほしい）	かく、ひたぶるにな騒ぎそ［源氏］	騒がないでほしい
ばや	希望（〜たいものだ）	しばし生きてはべらばやと思ひたまふるこそ罪ふかく［和泉］	生きていたい
てしが／にしが	希望（〜たい）	朝な朝な上がるひばりになりてしか都に行きて早帰り来む［万葉］	なりたいものだ
なむ／なん	願望（〜ほしい）	いつしか、梅咲かなむ［更級］	咲いてほしい
もが（な）	願望（〜ばいいのに）	男も女も、いかでとく京へもがなと思ふ心あれば［土佐］	京へ着けばいいのに
な	詠嘆（〜なあ）	花の色はうつりにけりないたづらに我が身世にふるながめせし間に［古今］	色あせてしまったのだなあ
か(な)	詠嘆（〜なあ）	限りなく遠くも来にけるかな［伊勢］	遠くに来たなあ
かし	念押し（〜よ）	翁のあらむ限りは、かうてもいますかりなむかし［竹取］	いらっしゃいましょうよ

現代語と比べてみて、どのような特徴が見られるか、考えてみましょう。

> どのような機能の終助詞が多いか、現代語の終助詞にあって古典語の終助詞にない機能は何か、現代語では終助詞で表されることがない機能は何か、などの点から考えてみましょう。

古典語の文章を読むと、現代語と異なる文のつながりに戸惑うことがあります。

> 昔、男有りけり。ならの京は離れ、この京は人の家まださだまらざりける時に、西の京に女ありけり。その女、世人にはまされりけり。その人、かたちよりは心なむまさりたりける。ひとりのみもあらざりけらし。それを、かのまめ男うち物語らひて、帰り来て、いかが思ひけむ。
> （伊勢物語　二「ながめくらしつ」）

この場面では、「西の京に女ありけり」で導入された「女」について、「容姿が世間の人より美しい」と言った後、「その人」と言い換えて、「容姿よりも心が優れていた」、「独り身ということでもなかったらしい」と述べられています。

ただ、「その人」の前に、適切な接続詞もなく、また、「女」がいきなり「その人」と言い換えられているため、現代語で考えると意味が取りにくく感じられます。

古典語の文のつながりについては、まだよくわからないところもあります。ただ、いろいろなことばを補って訳さなければならないことがある点には留意しましょう。

Action 身近な日本語から考えてみよう

怪談・奇談小説で知られる田中貢太郎(こうたろう)(1880-1941)は、『雪の夜の怪』の中で、下のような会話を冒頭に置いています。

> 「や、雪だ」
> 「ほんとだわ」と云ういせいの良い壮い男の声と、あまったれたような女の声が絡みあうなり、入口のガラス戸が敷居の上に重い軋(きし)りをさした。
> 「雪だわよ」
> 今のあまったれたような声がまた聞えて、それが私のいる食卓(テーブル)の前へ来た。女給のお幸(こう)ちゃんが客を送り出して帰って来たところであった。
> (田中貢太郎『雪の夜の怪』)

「や、雪だ」と言ったのは男で、「雪だわよ」と言ったのは女だと、いちいち、誰のことばかを書かなくても理解されるのは、性差を表すというこのような終助詞の機能によるものでした。

戦後の男女平等の世の中で、このような性差は縮小してきました。もとより、方言では、「私」のような自称詞を含め、性差が大きくないこともふつうでしたが、近年は、日本語全体で性差をなくす方向にあります。

最近の小説で、性差がどのように表されているか、考えてみましょう。

小学校4年生の読解教材としても広く読まれている新美南吉の『ごんぎつね』では、視点の置き方について議論のある箇所があります。

> こないだ、うなぎをぬすみやがったあのごんぎつねめが、またいたずらをしに来たな。
> 「ようし。」
> 兵十は立ち上がって、なやにかけてある火なわじゅうを取って、火薬をつめました。そして、足音をしのばせて近よって、今、戸口を出ようとするごんを、ドンとうちました。
> ごんは、ばたりとたおれました。
> 兵十はかけよってきました。うちの中を見ると、土間にくりが固めて置いてあるのが、目につきました。
> (新美南吉『ごんぎつね』)

この文章では、視点の一貫性がありません。「ごんは、ばたりとたおれました」は、作者の描写ですが、視点は兵十に一致します。しかし、次の文では「かけよってきました」と、倒れたごんぎつねに視点があります。なぜ「かけよりました」でないか、議論のあるところです。

視点の一貫性は、文に結束性を与える一要因です。これが破られることによって、どのような効果が生じるか考えてみましょう。

§14 文章・談話

Question 発展問題

(1) アニメーションのキャラクターが用いる次のような次のような「っぴ(ー)」や「でやんす」は、終助詞として認められるでしょうか。終助詞との共通点と相違点を考えてみましょう。

「もう、やだっぴー。帰ろうっぴー。」
「疲れたでやんすか。なら、おんぶしてやるでやんす。」
「本当にいいっぴー？ やさしいっぴね。」

(2) 日本語の文章と英語の文章とでは、結束性の表示方法にどのような違いがあるでしょうか。対訳本等を参照に、接続詞、代名詞、省略、発話機能等、さまざまな観点から分析してみましょう。

Reflection

学習して深まったことをまとめましょう。疑問・質問があれば、書き留めておきましょう。

＿＿＿＿・＿＿＿・＿＿＿

§15 文法とは

Point 基本の確認

あの人は、自分で料理は作れないが、上手に料理法を教えられるだろう。

　上の文には2つの動詞が含まれています。それは、何と何でしょう。
　このような質問に、「作る」と「教える」であると答える人も多いでしょう。しかし、学校文法でこの答えは間違いです。正しい答えは、「作れる」と「教える」です。「作れる」は、「作る」とは別の動詞（可能動詞）だから、それ以上は切れないというのが根拠です。
　また、学校文法で「だろう」は、「だろ（断定）」+「う（推量）」という2語に分けられます。断定も推量も話し手の判断ですから、異なる判断を同時におこなっていることになります。このいずれの考え方も、一理あるとは言えども、疑問を感じずにはいられません。
　学校文法は、基本的に古典語を知るために作られた文法体系を、現代語に合わせるためにリフォームしたものです。現代語の考え方に合わない部分も多くあります。その理屈を知ることも重要ですが、現代のことばを、よりよく理解し文章表現に応用する方がもっと大切です。
　これからは、現代人にとって役に立つ文法がよりよく教えられることが望まれます。

Think 問題①

ローマ字で書くなどして、次の文に見られる動詞の活用を整理してみましょう。

(1) 大根をうろぬく仕事は辛い。上手にうろぬこうとしても、うまくうろぬけない。しかし、うろぬかないと、大根がうまくならないから、やはり、うろぬいとこう。
「うろぬく」とは、「多くのある物の中から間をおいて引き抜くこと」（『岩波国語辞典』第六版より）です。

(2) 「米をうむすで、手伝ってくりょよ。」「何升、うむいとくんじゃ？」「祭りの餅を搗くんやで、3升はうむさなかんわな。」「タケさも、うむしょったで、2升もうむしゃええやろ。」「なら、2升うむそか。」（岐阜県の方言。「うむす」＝「蒸す」）

§15 文法とは

Answer 解説①

活用を整理する際に迷ったことは何ですか。

> ☐ 「うろぬけない」をどう位置づけてよいかわからない。
> ☐ 方言に文法があるのか。そもそも、方言を分析する価値はあるのか。

2つの文に出てくる動詞を、その機能ごとに表にすると次のようになります。

終止・連体	うろぬく	uronuk-u	うむす	umus-u
意志	うろぬこう	uronuk-oo	うむそ	umus-o
可能	うろぬける	uronuk-eru		
否定	うろぬかない	uronuk-anai	うむさん (-な)	umus-an (-a)
措置	うろぬいとく	uronu-itoku	うむいとく	umu-itoku
持続			うむしょる	umus-yoru
仮定			うむしゃ	umus-ya

仮定を表す形も措置を表す形も、語幹を共有する語の活用と捉えると、それぞれの動詞が uronuk-, umus- までを語幹としてもち、活用していることがわかります。可能動詞の「うろぬける」も、ローマ字で書けば五段動詞（子音語幹動詞）の活用形であると位置づけられます。

方言文法の分析も各地でおこなわれています。西日本では、サ行五段動詞にもイ音便があったり、「～よる／ょる」という持続の形があったりして、独自の文法体系をもつ方言も多くあります。多様な日本語に対応できる柔軟な文法的思考法を身につけましょう。

Think 問題②

次の例文を手がかりにして、「の」と「こと」がどのように使い分けられているか、整理してみましょう。

(1) 子どもが泣いているのが聞こえる。（× こと）
(2) 子どもを寝かすのを手伝ってください。（？こと）
(3) 子どもを連れて買い物にいくのはたいへんだ。（○こと）
(4) 彼が4人の子持ちであるのは、皆が知っている。（○こと）
(5) 子どもが産まれたことを、父に知らせた。（？の）
(6) 私の願いは、子どもたちが健康に育ってくれることです。（× の）

<small>それぞれの動詞の意味を考え、同様な意味をもつ動詞が同じように「の」「こと」と共起するか考えます。また、例文の可否判断には個人差がある可能性もあります。</small>

Connect　古典文法と比較してみよう

吉田兼好は『徒然草』で、次のように述べています（岩波書店　新日本古典文学大系より）。

　　何事も古き世のみぞ慕しき。今様はむげに賤しうこそ成行くめれ。
　　かの木の道の匠の作れるうつくしき器物も、古代の姿こそをかしと見ゆれ。
　　文の詞などぞ、昔の反古どもはいみじき。たゞ言ふ言葉も、くちをしうこそなりもて行くなれ。「いにしへは、「車もたげよ」「火かゝげよ」とこそ言ひしを、今様の人は、「もちあげよ」「かきあげよ」と言ふ（中略）、くちをし」とぞ、古人は仰られし。　　（第22段）

また、清少納言も、『枕草子』で「〜むとす」を「むずる」という当時の流行りことばに批判を浴びせています（岩波書店　新日本古典文学大系より）。

　　なに事をいひても、「そのことさせんとす、いはんとす、なにとせんとす」といふ「と」文字を失ひて、たゞ「いはむずる、里へいでんずる」などいへば、やがていとわろし。

（第186段）

古典文法の多様な助動詞には、流行りことばから使われ出した表現もあります。それも、現代から見れば同じ古典語となっています。
ことばの変化に対して、どのような態度であるべきかを考えてみましょう。

Action　身近な日本語から考えてみよう

p.76でも見たように、最近、「分かりづらい」ということばを多く聞くようになりました。しかし、この表現に違和感を抱く人も少なくないようです。文法的表現の記述で定評のある辞典『明鏡国語辞典』には、「その動作をすることが困難である意を表す。（中略）［語法］自然現象を表す動詞や非意図的な動詞には付きにくい」とあります。意図的な動作に対し「この筆は書きづらい」「歩きづらい道」などとは使えても、意図的な動作でない「分かる」には、本来、「〜づらい」は付かなかったようです。

それを確かめるために、朝日新聞データベース「聞蔵」で調べてみましょう。1945年から1985年までの記事に、「分かりづらい」は一件も見られませんでしたが、1986年に「安全保障会議で取り扱う重大緊急事態の内容が分かりづらいことの背景の1つには（後略）」という記事が見られたのを皮切りに、1988年ごろからは、埼玉、群馬、神奈川、東京、栃木などの地方版を中心に、「分かりづらい」が見られます。どうやら、関東周辺で使われ始めたようです。さらに、1990年代には、全国版でも多く用いられるようになりました。

こうなると、「〜づらい」はどんどん非意図的なできごとにも拡大していきます。NHKニュースでは、「ガン治療で（身体が）妊娠しづらく」（NHK News 9: 2014.8.29）と言っていました。「職場の理解が得られず妊娠しづらい」とは異なるこの用法は、今後、日本語として根付いていくのでしょうか。

§15 文法とは

Question 発展問題

(1) インターネットでよく使われる文末表現を集めて、学校文法をはじめ、いろいろな文法の枠組みで分析してみましょう。また、これらの新しい表現を分析する際に有用な文法とは何かを考えましょう。

(2) 日本語教育での文法の位置づけや、各国の母語教育における文法の扱いを、留学生などに聞きながら、特に、表現する際にどのように文法を活用しているかという観点から考えてみましょう。

Reflection

学習して深まったことをまとめましょう。疑問・質問があれば、書き留めておきましょう。

_____．____．____

学習のヒント

ピア・ラーニングで理解を深めよう

はじめに

本書は、独学でも日本語文法の基本から応用まで学べるように作られていますが、理解を定着させ実際に指導に活用するには、仲間（peer）との対話を通して学習するピア・ラーニングという学習法もお勧めします。

ここでは、ピア・ラーニングをおこなうための発展的視点をいくつか挙げています。各セクションの問題①および問題②（§7、9、14では問題①～③）では、仲間同士で解説の内容を説明し合ってください。他者に説明することで、読んで理解するだけよりもよりよく理解ができます。さらに、以下に挙げる発展的に考えてほしいことにも取り組んでみてください。

問題③（§7、9、14では問題④）については、「誤り」を考えた後、その文を作った人に対しておこなう指導内容も考えてみましょう。その際の観点を示しておきますので、学習者役の人を教えてみてください。その際、学習者役の人も、わからないことは先生役の人に質問し、ともに自律的学習をおこなうことが大切です。

「古典文法と比較してみよう」「身近な日本語から考えてみよう」「発展問題」では、さらに多様な観点が求められます。教師ひとりが説明するだけでは気づかない理解不足の点について、学習者が相互に疑問を出し合い理解を深めることがよりよい理解への有効な手段となります。

ピア・ラーニングで理解を深めていきましょう。

§1

問題・解説①

- さらにほかの接辞についても考えてみましょう。たとえば、「高い」に対する「高さ」「高み」の「さ」や「み」、「対応」に対する「対応力」「対応性」の「力（りょく）」や「性（せい）」などは、どのような点で、単語らしさを欠くでしょうか。

問題③

(1) 「Aさんが病気なこと」は、「Aさんが病気である」（または「～病気だ」）という節が「こと」に係っています。このような場合の「病気な」の「な」は、「だ」の連体形と考えます。しかし、単独で「病気な人」とは、ふつう言いません。

(2) 方言では「ピンくい」や「きれくなる」のような言い方がよくされる地域もあります。「誤り」とは、相対的なもので絶対的なものではありません。すべての場面でこのような言い方が「誤り」であるわけではありません。日本語の多様性を踏まえた指導法も考えてみましょう。

古典文法と比較してみよう

- 活用のある語に関して、どのような定義がなされているか確認しましょう。
- 現代語で連体詞である「大きな」は、「大きなり」という形容動詞に由来します。このように品詞が変わった語がほかにないか、高校時代の国語便覧などを参考に考えてみましょう。

身近な日本語から考えてみよう

- 「黄色い」という形容詞は一時的な属性を表し、「黄色の」という名詞＋「の」は恒常的な性質を表しやすいようです。黄ばんだ結果であれば、「（少し）黄色いシャツ」にはなりますが、「黄色のシャツ」にはなりません。また、店で売っているのは、「黄

色いシャツ」よりも「黄色のシャツ」と言った方がふさわしいでしょう。このことから、作者の意図を考えます。
- 「真っ白」のように、ふつう「真っ白い」よりも「真っ白な」「真っ白の」という形容動詞や名詞＋「の」を使うことばについて、どのように考えられるかも考えてみましょう。

発展問題
(1) 「身近な日本語から考えてみよう」と同じように考えてみましょう。
(2) 日本語の形容詞は、「〜い」の形があれば必ず「〜く」の形があります。一方、英語で -ly が付いて副詞になる形容詞は一部です。「活用」が、このような形の変化の規則性とどう関連するか考えます。

§2

問題・解説①
- カ変動詞の「来る」やサ変動詞の「する」についても考えてみましょう。

問題③
(1) この小学生は、「着なかった」と言いたかったのか「着られなかった」と言いたかったのかを、まず考えてみましょう。
(2) 「しずに」は東海地方などの方言です。方言がすべて間違いというわけではなく、授業の感想に適切かどうかを考えて指導法を考えます。

古典文法と比較してみよう
- 古典語の次の類が現代語においてどう統合されたかを考えましょう。
　　四段活用とナ行変格活用・ラ行変格活用
　　上一段活用と上二段活用
- 「蹴る」は、どの活用に吸収されたか考えましょう。
- 複合動詞を除き、上一段活用の語幹が古典文法では「φ（ゼロ）」となります。上一段活用と上二段活用は、終止形以外の活用語尾が同じであることが確認できます。

身近な日本語から考えてみよう
- 最近見つけた新しい動詞に、「いらる（いらいらする）」、「はぶる（仲間はずれにする）」などがあります。形容詞でも「はずい（恥ずかしい）」「きびい（きびしい）」がありました。同じような活用の変化をする語を見つけてみましょう。
- さだまさしの「防人の詩」にある「生きとし生けるもの」、アリスの「チャンピオン」の「止めど流るる涙」など、J-POPの「古めかしい表現」の中に見られる動詞の活用を分析してみましょう。

発展問題
(2) 人称という考え方を含む場合と含まない場合を考えてみましょう。

§3

問題・解説②
- ほかに、「作文の」と「感想を」は連体修飾の関係と捉えられます。「いる」と「はずです」も連体修飾の関係ですが、機能面からして「はず（だ）」は助動詞相当ですので、こだわらなくてもよいでしょう。

問題③
(1) 「〜行った所は」を主語に置くなら、述部も名詞で終わります。逆に、述部の「行きました」に合わせて主語を「私は」にする方法もあります。いろいろな方法を考えます。
(2) 「あります」のような存在を表す動詞の場合、場所を格助詞「に」で表す必要があります。

古典文法と比較してみよう
- 「桐壺帝」の行為を表す部分に着目します。この述語に対する主語が明示されていない理由を考えてみます。

身近な日本語から考えてみよう

- 実際の主語は、ニ格で表されたり、格助詞が付されずに表されたりします。また、省略にも注意します。

発展問題

(1) 主語認定の方法については、『国語教師が知っておきたい日本語文法』§3を参照してください。

(2) 英語では、主語に対しどのような特別の地位が与えられていますか。動詞の前に置かれることや、動詞にいわゆる三単現のｓが付く理由などを考えます。

§4

問題・解説②

- 特に(2)などは、状況を想像する力が要ります。「私はこう言わない」という人もいますが、実際に使われている日本語では類似の表現が見られます。仲間の多様な考えに対し説明できる能力をもちましょう。

問題③

(1) 長い文は、どの格助詞がどの述語に係るのか分かりにくくなります。適切な格関係を考えます。

(2) 動作場所を表す「で」が使われる理由は何かも併せて考えます。

古典文法と比較してみよう

- 多くの参考書で採られている順序で挙げてあります。この順序には、歴史的に使われるようになった順番なども関係があります。

- 現代日本語文法の格助詞は、連用修飾の格助詞のみが挙げてあります。また、その順序は、①「は」で置換可能か、②「の」で置換可能か、③省略は可能か、などの理由で決まっています。

身近な日本語から考えてみよう

- 実際の用法を分析してみると、述部が省略されていて意味が確定しにくいものもあります。「夕日に照る」の「照る」も、通常の「に」の意味とは違っています。話し合いながら、p. 22に挙げられたどの用法に近いかを考えてみます。

発展問題

(1) 古語辞典などを参照して、「まで」の用法を時代別に考えてみるのも一案です。

(2) 口語で「ぼくは」を「ボカー」と言う場合、どのように単語に切れるか考えてみましょう。

§5

問題・解説①

- 副助詞に隠れている格助詞を考えてみましょう。「雑魚さえ釣れなかった」は、「雑魚が釣れなかった」と言い換えられます。この作業を通じて、副助詞と格助詞の層の違いを話し合いながら確認します。

問題③

- (1)は「にらんでいたようにさえ」、(2)は「銀閣寺こそ」のように副助詞を使うことができます。

古典文法と比較してみよう

- 副助詞の用法は参考のために表にまとめました。覚えるのが目的なのではなく、現代語と古典語の副助詞を、用法を比較しながら確認します。

- 「だに」「すら」「さへ」のように、意味が部分的にでも重複する形式は、発達した時期が違うこともよくあります。「だに」の②の用法は上代から見られ、平安時代以降、「すら」が上代に担っていた①の用法をもつようになりました。さらに、平安時代末期ごろからは、「さへ」が「だに」の意味をも表すようになり、「だに」が廃れていきました。古典語を時代的な意味変化で捉えてみると、意味の違いがよりよく

身近な日本語から考えてみよう

・音声的に強調すると「までも」の意味が出てきます。「くじらが深呼吸までするんだ」という意外さや驚きが感じられます。この場面にそのような読みが適切か、それとも音声的強調をせず並立用法として読む方がよいか考えます。

発展問題

(1) 「は」には、主題の「は」と対比の「は」があります。主題の「は」は、「～とき」などの従属節に入ることができません。

(2) 「少ない」「不十分だ」という意味が感じられるのはどのような場合かを考えます。

§6

問題③

(1) 「のに」と「けれど（けど）」の差を考えます。

古典文法と比較してみよう

・現代語と形式・意味ともにあまり違わないものをチェックすると、残るのは、「[已]＋ば」や否定接続の「で」、および格助詞から発達した「に」や「を」など、少数です。

身近な日本語から考えてみよう

・日本語では、多くの場合、ひとつの形式が仮定と確定の両用法をもちます。現実に起こったことかそうでないかを想像する力は、発達段階によって違っています。大人が理解できていることを、必ずしも同様に子ども（特に、日本語を母語としない場合）が理解しているか、立ち止まって考えてみましょう。

発展問題

(1) 意味が異なる接続助詞を同じような文脈で比較するのは難しいため、意味が通りやすい助詞や文末表現で比較してください。ただし、表内の下線部は比較すべき箇所ですので、この要素は必ず入れてください。

(2) 英語の if や when などの接続詞は、ひとつの文の中で、条件や時などの節に対して用いられます。日本語でこれらは、接続詞でなく接続助詞「ば」や接続助詞に相当する「なら」や「とき」などで表されます。まず、この違いについて考えます。また、and や than のように、名詞と名詞の間に置かれ、それら2名詞を結びつける働きを、日本語ではどのような品詞の語が担っているかも考えてみましょう。

§7

問題④

・名詞修飾表現をうまく使うと、簡潔明瞭な文ができあがります。

(1) 「古いの」の「の」が「花」の言い換えですので、「古い花」とすることをまず考えます。

(2) 「行ってみました」という動作と、その動作の結果得た発見を表す「北の公園には～がありました」が主として表現したいことです。そのほかの、情景を描写する表現は、名詞修飾表現として「公園」や「近くの公園」に掛けたり、連用修飾的に「ありました」を修飾するよう整理したりすると、すっきりと2文にまとめることができます。主筋と背景をどう表現するかを考えて、筋の通った文章を書きましょう。

古典文法と比較してみよう

[副詞]

・呼応自体がなくなった不可能の副詞が、なぜなくなったのかを考えてみましょう。代わりに、どのような副詞が使われるようになったかも考えます。

- 個別の語についても、変化しやすい副詞としにくい副詞があります。どのような副詞が変化しやすいか、理由と併せて考えます。

［名詞修飾節］
- 名詞修飾表現は、本来、動詞と結びつく主語や目的語を、後にもってくるという高度な変換をおこなって得られる構造です。話しているときには、ふつうの、「主語、目的語、述語」の順で述べていて、そこに、現代語で言えば「の」を置いて続けたくなることもあります。古典では、現代語の「の」の代わりに連体形が使われて、「お菓子がそこに置いてあるのを食べた」のような言い方を使っているということです。

身近な日本語から考えてみよう

［副詞］
- たかだか百年でも呼応の副詞は変化します。ここから、呼応の副詞がどのような機能を果たすかを、特にコミュニケーションの観点から考えます。

［名詞修飾節］
- ②と③では、どちらの場合に「そう思いました」という主節がより際立って聞こえるかを考えます。
- 同じような主節の際立たせ方は、光村図書小学校3年の国語教科書にある、あまんきみこ作『ちいちゃんのかげおくり』という作品の冒頭にも出てきます《➡底第3章》。

発展問題
(1) 様態副詞には、時を表す副詞や結果状態を表す副詞も含まれています。程度副詞には、単独で述語の動作の量を表すことができる、「たくさん」や「かなり」のような量副詞も含まれています。接続詞と副詞には、近い性質が認められるものもあります。
(2) 日本語の名詞修飾表現は名詞の前に置かれますが、英語では後ろに置かれます。後ろに置かれるときには、どのような内容の節が続くのかを知らせておくと聞き手にわかりやすくなります。

§8

問題・解説①
- 「作る」「切る」は五段動詞ですから、可能形は、未然形に助動詞「れる」が付く「作られる」「切られる」のほか、可能動詞形の「作れる」「切れる」があります。このように、「正しい」形が2つある場合もあるので、「自分が使うかどうか」と区別して考えます。

問題③
(1) 「考えた」と「考えさせられた」の意味の差を考えます。
(2) 「まちどおしくさせる」との意味の差は小さいですが、どちらが伝わりやすいかも考えましょう。また、「番組紹介は」が主語であれば、適切な述部を考えます。

古典文法と比較してみよう
- 受身では、動作をする人が「に」の格で表されます。一方、動作や感情を抱く人が主語（「が」の格）にある場合、「自然と～なる」という意味をもつ自発では、「に」の格に感情を抱く原因が来ることがあります。さらに、「～ことができる」という意味をもつ可能の場合には、「に」の格は場所や時間の表現が来ます。「に」の格の意味から考えてみましょう。

身近な日本語から考えてみよう
- 受身などを用いて主語を一貫させているか、あるいは、主語を交替させながら描いているかを考えてみましょう。

発展問題
(1) 森田良行氏の研究（「日本語の研究」『講座日本語教育』13、早稲田大学語学教育

研究所 1977）によると、漢語動詞で「一変する」「移動する」「解散する」「回復する」「完成する」「継続する」「結集する」「結合する」など、約5％の動詞が、自他同形になるとのことです。
(2)　一般に英語は、能動文を好むと言われます。

§9

問題④
(1)　状態が変化したことを表すには、「〜ようになる」が使われます。日本語学習者も、よく「練習して泳げた」のように表現しますが、そのような能力を得たという意味では「泳げるようになった」が自然な表現です。
(2)　日本語では、従属節（この場合、「日本へ来（る）」）よりも以前に、主節のできごと（「くれました」）が起こった場合、たとえ、従属節のできごとが過去のできごとであっても、非過去の「来る」の形を用います。このような時制の表し方を相対テンスといいます。

古典文法と比較してみよう
[時間]
・過去の「き」が単純な「た」で訳されるのに対し、「けり」は、「たそうだ」と伝聞で表したり「たのだなあ」のように詠嘆を加えたりして表します。一方、完了の「つ」「ぬ」は、「〜てしまう」で完遂を表すほか、話し手の確信度を強めることもあります。また「たり」「り」は、結果残存の「〜ている」や「〜てある」と訳されることがあります。補助動詞やほかの助動詞で表すことができることが何を意味するか考えましょう。

身近な日本語から考えてみよう
[時間]
・「た」には、p. 55 に挙げた過去、完了、存続、確認のほか、文章中の機能として「場面を切り換える」働きがあります。小学校国語教材ともなっている工藤直子『ふきのとう』や、中学校国語教材としても読まれる米倉斉加年『大人になれなかった弟たちに…』などにも見られ、広く国語教育でも応用できる考えです《→底第1章》。

発展問題
(1)　「は」には、対比の機能があります。特に音声的な卓立があったり文の後半に提示されたりする場合には、対比によって、それ以外の要素の否定が表されます。
(2)　フランス語やイタリア語の変化だけを見て、日本語と同じように、言語一般に完了が過去を包摂していくと考えることはできません。ここでは、過去と完了の区別がしにくいことがあると気づけば十分です。

§10

問題③
・「興味深かった」「残念（だ）」のような主観的内容を表す形容詞・形容動詞や、「〜べきだ」「〜たい」のような話し手の主観を表す助動詞および助動詞相当表現には、すでに話し手の主観が含まれています。そのため、「と思います」に話し手の考えを表明するという機能はなく、ただ、婉曲にものを述べているだけです。これに対し、「できない」と「できないと思います」では、事実と主観的な判断の違いが感じられます。「と思います」が必要なのは、どのような場合かを考えます。

古典文法と比較してみよう
・すべての助動詞を比較する必要はありま

学習のヒント

せん。語源的に単独の「む」と「らし」以外の助動詞について、語源を考えることで意味を理解すれば十分です。

- 古典語の「らし」と現代語の「らしい」は、似ていますが意味が微妙に違います。どちらも根拠に基づいた推定をしていますが、現代語の「らしい」には古典語のような強い確信は感じられません。また、現代語の「らしい」には、体験していることを根拠にほかの事態を推定する用法はありません。古典語の「らし」がそのまま現代語の「らしい」になったわけでないためです。

身近な日本語から考えてみよう

- 文末の主観表現に着目すると、筆者の捉え方がわかります。同様の例は、椋鳩十『大造じいさんとガン』にもあります。この作品では、最初、推察して「ようだ」「らしい」などを使って表現していたガンの「気持ち」を、クライマックス場面では助動詞なしで表現して臨場感を高めています《➡底第7章》。

発展問題

(1) 「だろう」には、話し手自身の考えによって判断された断定よりも確からしさが低いことを表す用法と、「だ」と同じく断定をしつつも控えめに主張する用法があるとする説があります。ひとつの形式に複数の機能があることを前提に考えます。

(2) 英語などヨーロッパの言語の多くでは 'she is sad' のような言い方ができますが、韓国語ではできないようです。一方、まだ食べていないドーナツを見て「わあ、おいしい」という言語は稀です。「彼女は悲しい」との違いは何かも併せて考えてみるとよいでしょう。

§11

問題③

(1) 上司の発話を受けて、部下が許可を与える「〜(ても)いい」を部下が使うことは失礼です。この場合、感謝を述べるのもいいですが、さらに自らクーラーを付けるなどの行動に出るのも有効です。

(2) 「見せてください」は恩恵を表していますが、基本は命令です。「見せてくださいませんか」と否定疑問表現にしたり、「見せていただけたらありがたいのですが」と条件表現に感謝を加えたりするなど、多様な表現から選べるようにします。

古典文法と比較してみよう

- 「べし」は、現代の用法よりも広い用法をもっています。「道理や状況から考えて当然である」という基本義は、⑦可能の意味以外に一貫しています。特に、右側の「主語の意志的動作」として挙げた③〜⑥の意味の違いは、どのようにして生じるか、考えてみましょう。

身近な日本語から考えてみよう

- 現代では、「〜してください」の下略形である「〜て」（「〜てよ」「〜てね」などを含む）のほか、「〜してもらっていいですか」のような依頼表現も使われるようになってきました。また、女性のJ-POPシンガーも多く命令表現を使うようになったことも特徴として挙げられます。

発展問題

(1) 「〜ほうがいい」と「〜たらどう？」の違いは、個人差もあるようです。選択の余地がある「〜たらどう？」の方が丁寧かと思いきや、選択を任されることによって冷たさを感じる人もいるようです。ひとりで判断せずにいろいろな人に感じ方を尋ねてみましょう。

(2) 事態の実現可能性という観点で捉えてみるとよいでしょう。

§12

問題③
(1) 事実として捉え表現するだけの「言いました」では、嬉しさが表されていません。恩恵表現を用いるのも一手です。
(2) 補助動詞は、「ここでお塩を入れてあげると味がよくなります」の「(て)あげる」のように、実質的な意味が薄れ繰り返されることがあります。「(て)みる」や「(て)しまう」も、濫用されることがあるので要注意です。

古典文法と比較してみよう
・身分階級がはっきりしていた世の中では、まず敬意の表明が重要なため、敬語の補助動詞が多く使われました。現代では、時間、移動、恩恵、試行など、多様な意味が補助動詞によって表現されています。時代とともに必要とされる表現は変わります。

身近な日本語から考えてみよう
・補助動詞の意味を考えて、どのような意味を付け加えようとしているか発表しあってみましょう。

発展問題
(1) 「辛い」を語源とする「～づらい」は、本来、①のような心情的な困難さを表す表現であったはずですが、今日では、主語が人でない場合（③）や、人であっても意志的な行為でない場合（④）にまで付くようになってきています。
(2) 韓国語には、「～てやる／～てくれる」に相当する表現はありますが、「～てもらう」に相当する表現はありません。モンゴル語やカザフ語には「～てもらう」に相当する表現がありますが、「～てやる」と「～てくれる」の区別はありません。ヨーロッパの言語では、主語の意図的な行為に対して「～てやる」や「～てくれる」に類似した意味を for などの前置詞を用いて表しますが、日本語ほど使える範囲が広くありません。

§13

問題③
(1) 敬語も不十分で「暇」という表現も不適切ですが、さらに、「先生」の帰宅を非難するとも取れる表現を用いている点でも問題があります。
(2) 「先生」の行為を褒めていますが、このような「上から目線」の表現は、待遇上ふさわしくありません。
・ひとつひとつの文が丁寧であっても、その文の機能が待遇上適切に用いられていなければ意味がありません。いずれも「私」を主語にして、「(私が)不都合な時間に伺ってしまった」「(私が)勉強になった」と述べれば、へりくだった言い方になります。

古典文法と比較してみよう
・二重敬語は、「許させ給はず」と「のたまはする」です。これらは、桐壺帝の動作です。
・尊敬語と謙譲語は、ふつう謙譲語＋尊敬語の順で表現されます。「まかで給ひて」は、「身分の高いところから退出する」という謙譲語「まかづ」に、光源氏の行為に対する敬意を表す尊敬語「給ふ」が付いています。「きこえ給ふ」は、光源氏に対する「大臣」の行為を謙譲語の「きこゆ」で示しつつ、「大臣」自身の行為に対する敬意も「給ふ」で示しています（最後の「きこえ給はず」は、逆に光源氏の大臣に対する行為）。
・現代語では、なぜこれらの敬語運用がな

されないのか、話し合ってみましょう。

身近な日本語から考えてみよう

- いわゆる「正しい表現」は、a.「お弁当を温めましょうか」、b.「コーヒーでございます」、c.「お求めになりやすい」、d.「移らせていただきます」、あるいは「移ります」です。比較して考えてみましょう。

発展問題

(1) 「大臣は光源氏に申し上げなさる」や「光源氏は大臣にお答えしなさる」は、現代語として間違った表現とされます。現代語の敬語は、誰が主語になる場合に使われるかをヒントに考えます。

(2) もっともぞんざいな 'Pen!' から、丁寧な 'Would you mind if I used your pen?' のような表現まで、さまざまな表現にどのような要素が含まれているか考えてみましょう。

§14

問題・解説②

(1) 平叙文の「のだ」には、説明的な態度を表したり、前の文脈に関連づけて表す用法があります。

(2) 「のですか・んですか」は、疑問文で疑いの気持ちを含むことがあります。

問題④

- 小学校低学年児童の作文は、能動文が多く、そのため二者間でおこなわれる動作を描写する際に、主語が頻繁に入れ替わります。このような主語の交替は、幼い印象を与えるため、発達段階に応じて徐々に視点を「私」に固定していくようにします。その際には、受身文を用いて主語を「私」に置くほか、主語を他者に置いたまま私側から捉えた表現にする「～てくれる」を用います。

古典文法と比較してみよう

[終助詞・文末表現]

- 現代語の終助詞は、聞き手への伝達を表すことがほとんどですが、古典語で終助詞とされるものは、話し手のもくろみや願望を表す表現が多く見られます。なぜ、このような違いがあるのか、話し合ってみましょう。

[接続詞・談話]

- 現代語では、「西の京に女がいた。その女は、容姿が世間の人より美しかった。その人は、容姿よりも心が優れていた。…」としても、文はつながりません。意味を考えて「しかし」などを入れなければ、逆接で文がつながっていくことがわかりにくく感じるのです。古典語の文章で、文と文とのつながりが読み取りにくい箇所を探して、どのような共通点があるか、話し合ってみましょう。

身近な日本語から考えてみよう

[終助詞・文末表現]

- 性差はなくなってきているとはいえ、まったく性差がないわけではありません。現代語では、どのような部分から性差を感じやすいか（あるいは感じないか）、話し合ってみましょう。

[接続詞・談話]

- 「兵十はかけよってきました」の後には、兵十の動作が続きます。そのことから、「かけよってきた」が表すのは、「ごん」に視点が置かれた動作ではなく、「うち」にカメラが寄ったものと捉えることができます。

発展問題

(1) アニメのキャラクターは、どのような場合にこのような表現を使っているでしょうか。特に、質問したい場合や確認をしたい場合はどのような表現をしていますか。いろいろなキャラクターの文末表現につ

(2) 日本語では、代名詞が頻繁に省略されますが、代わりに「誰が」「誰を」「誰に」などを補う装置がいくつかあります。敬語もそのひとつですが、「〜てくれる」や「〜てくる」のような、話し手に向かう動作であることを表す補助動詞もあります。それらによって、人や物がことばとして明示されないまでも示されているのが日本語です。決して「文脈」だけによっているわけではありません。

§15

問題・解説①

(2) 方言の意味は、「米を蒸すから、手伝ってくれ。」「何升、蒸しておくのかい？」「祭りの餅を搗くんだから、3升は蒸さなければならないよね。」「タケさんも、(米を)蒸していたから、2升も蒸せばいいだろう。」「では、2升蒸そうか。」です。

問題②

・「聞く」や「見える」等の知覚動詞の場合はどうであるかなど、動詞の分類によって「の」と「こと」がどう使い分けられるか考えてみましょう。

発展問題

(1) インターネットでは、必ずしも音声が対応しない表現が用いられることもあります。

・昔は、さまざまな小説なり新聞なりを実際に読んで例文を集めていましたが、現在では種々の検索が用いられます。古い小説については、青空文庫（http://www.aozora.gr.jp/）が、検索もできて便利です。また、現代語を広く扱ったコーパス（言語データ集積）として、国立国語研究所が開発した「中納言」（https://chunagon.ninjal.ac.jp/）などを使うこともできます。さらに、各新聞社が作っている記事検索が利用できる場合があります。図書館などで訊いてみましょう。

このように、さまざまな日本語の実例を通じて文法を考えることで、頭で考えただけでは気づかない言語の特徴を知ることができます。「ふつうはこう言わない」表現が、1回きり使用された「間違い」なのか、あるいは、用法の拡張なのか、身の回りで実際に使われることばから柔軟に文法を捉えていくことは、必ずや文法研究を楽しくしてくれます。

自分に益となる文法の勉強をしてみましょう。

参考文献
もう少し深く学びたい人のために

　ここでは、本書作成過程で参考にした書籍を挙げておきます。本書で日本語文法に関心をもった人は、次の書籍をご覧くださると、より専門的な勉強ができます。

　できるだけ入手しやすい本を挙げました。大きな辞典類は、大学図書館や大きな公共図書館で探してみてください。専門書や論文については、それぞれの書籍を参照してください。

◆ 国語教育における文法に関する参考書
山田敏弘（2004）『国語教師が知っておきたい日本語文法』くろしお出版
山田敏弘（2009）『国語を教える文法の底力』くろしお出版

◆ 概説書
庵功雄・高梨信乃・中西久実子・山田敏弘（1999）『初級を教える人のための日本語文法ハンドブック』スリーエーネットワーク
庵功雄・高梨信乃・中西久実子・山田敏弘（2000）『中上級を教える人のための日本語文法ハンドブック』スリーエーネットワーク
　☞上記2冊は、日本語教育で取り上げられる文法形式全般について、難易度別に実用的な文法を示す。本書の記述で物足りない場合には、下記の『現代日本語文法』を参照されたい。
日本語記述文法研究会編（2003-2010）『現代日本語文法』全7巻、くろしお出版
　☞現在日本語に関しもっとも詳細な記述のある参照文法書。文法に関する個別の論点を掘り下げるには、この本の参考文献を参照するとよい。

◆ 辞典類
山口明穂・秋本守英編（2001）『日本語文法大辞典』明治書院
　☞古典文法から現代語まで、形式ごとに活用と用法が詳述される辞典。
日本語教育学会編（2005）『新版 日本語教育事典』大修館書店
　☞言語理論から言語教育まで、基本事項が網羅的に解説されている。
日本語文法学会編（2014）『日本語文法事典』大修館書店
　☞日本語文法に関する事項が、詳細に解説されている。

◆ 古典文法の参考書

小田勝（2007）『古代日本語文法』おうふう
　☞古典文法全般に関して、全般的に実例とともに深く理解できる必携の1冊。

浜本純逸監修・黒川行信編著（2008）『七訂版　読解をたいせつにする体系古典文法』数研出版
　☞高校で広く使われている古典文法参考書。本書でも、学校で教えられる古典文法の基礎資料として参照した。

◆ 文法を身近な日本語と結びつけるための本

木部暢子・竹田晃子・田中ゆかり・日高水穂・三井はるみ（2013）『方言学入門』三省堂
　☞条件表現の地域差など、何気なく使うふだんのことばの方言差に言及。

山田敏弘（2014）『あの歌詞は、なぜ心に残るのか』祥伝社新書
　☞J-POPの歌詞を題材に、文法を平易に解説する。

おわりに

　本書に取り組んでくださった方には、文法がいかに奥深く、また実用的にもいかに有用であるかを実感していただけたのではないかと思います。

　残念ながら、これまでの文法研究の大半は、研究のための研究であり、実際に役に立つという実感が得られにくいものでした。もちろん、それは単に届け方がうまくいっていないだけで、すぐ使える知見も多く含まれていることが多かったのですが、当の日本語母語話者にも、どう役に立っているのか実感が乏しい研究も少なくありませんでした。

　その原因は、学校文法と現代日本語文法という体系の乖離にも一端があると考えられます。たしかに学校文法は矛盾に充ち満ちていて、古典文法の学習以外ではあまり役に立ちません。一方、日本語文法は、言語技能としての日本語力を身につけたい非日本語母語話者のために発展してきたものですから、実用的です。その間の溝が大きいのも当然と言えば当然のことでした。

　しかし、母語であっても、日本語をきちんと学んだ方が言語技能は高まります。特に、より洗練された文章が書けるようになりますし、論理的に読むこともできるようになります。蘊蓄として日本語を語る以上に、また、情感を感性として味わう以上に、使える日本語も学ばれなければなりません。今の日本の母語教育にもっとも欠けているのは、この正確な理論を知って理解と表現に役立てるという観点です。国語教育には、言語感性の涵養と理論的な訓練の両輪が必要ですが、まだまだバランスよく走行するには至っていないのが現状です。とても、残念なことです。

　しかし、嘆いているだけなら誰にでもできます。本書では、学校文法の矛盾を解消しつつ、それでもやはり学校文法を基盤に置いて、役立つ文法を身につけることを目指し、まず一歩進もうとしました。まだまだ不十分な箇所があると思いますが、自分で何もしないで文句だけを言っているのはもっとも愚かなこと。捨て石になるのを覚悟の上で、文法学習の発展のために本書を作成しました。ご批判等があれば、それを糧によりよいものへとつなげていく所存です。どうぞお寄せください。

　最後になりましたが、本書を作成するにあたり、くろしお出版の原田麻美さんには非常に丁寧に原稿を見ていただき、適切な助言をいただきました。心からお礼を申し上げます。

　よりよい日本語文法学習に微力でも力になれれば幸甚です。

山田　敏弘

著者紹介

山田 敏弘（やまだ としひろ）

岐阜大学教育学部国語教育講座教授
博士（文学・大阪大学）
1965 年　岐阜市生まれ
1988 年　名古屋大学文学部卒業
1990 年　名古屋大学大学院博士課程前期修了
1990 年〜 1993 年　国際交流基金派遣日本語教育専門家・ローマ日本文化会館日本語講座講師
1997 年　大阪大学大学院博士課程後期課程単位取得満期退学
1997 年〜 2001 年　富山国際大学人文学部講師
2001 年〜 2013 年　岐阜大学教育学部助教授（准教授）
2013 年より現職

主な著書

『初級を教える人のための日本語文法ハンドブック』スリーエーネットワーク（共著、2000）
『中上級を教える人のための日本語文法ハンドブック』スリーエーネットワーク（共著、2001）
『やさしい日本語のしくみ』くろしお出版（共著、2003）
『日本語のベネファクティブ──テヤル・テクレル・テモラウの文法』明治書院（2004）
『国語教師が知っておきたい日本語文法』くろしお出版（2004）
『国語教師が知っておきたい日本語音声・音声言語』くろしお出版（2007）
『国語を教える文法の底力』くろしお出版（2009）
『日本語のしくみ』白水社（2009）
『日本語から考える！　イタリア語の表現』白水社（2011）
『その一言が余計です。』ちくま新書（2013）
『岐阜県謎解き散歩』新人物往来社（編著、2013）
『あの歌詞は、なぜ心に残るのか』祥伝社新書（2014）

日本語文法練習帳
にほんごぶんぽうれんしゅうちょう

2015年6月16日　　第1刷 発行
2020年10月14日　　第2刷 発行

著　者	山田 敏弘(やまだ としひろ)
発行人	岡野秀夫
発　行	株式会社くろしお出版
	〒102-0084　東京都千代田区二番町 4-3
	TEL　(03-)6261-2867　　FAX　(03-)6261-2879
	e-mail　kurosio@9640.jp　　http://www.9640.jp
本文デザイン	大坪 佳正
装　丁	折原 カズヒロ
印　刷	株式会社 三秀舎

© Toshihiro YAMADA 2015, Printed in Japan　　ISBN 978-4-87424-655-9　C0081
●乱丁・落丁はお取り替えいたします。本書の無断転載・複製を禁じます●

◆◇◆ 大好評発売中 ◆◇◆

国語教師が知っておきたい 日本語文法

山田　敏弘

ISBN：978-4-87424-310-7　　定価：1,600＋税

学校の文法がつまらなく思えるのはなぜでしょう？　覚えなければならない性質の強すぎる文法を見直し、知識としてだけでなく考えるための土台としての文法を提案する日本語文法入門書です。

国語教師が知っておきたい 日本語音声・音声言語 改訂版

山田　敏弘

ISBN：978-4-87424-583-5　　定価：1,600＋税

国語教師が日本語の音声の特徴を正しく理解し、コミュニケーション方法の知識を知ることで、より児童・生徒に伝わる授業になります。平成23年度以降、順次改訂実施された新学習指導要領に合わせて、初版より一部の内容を書き換えた改訂版。

国語を教える文法の底力

山田　敏弘

ISBN：978-4-87424-449-4　　定価：1,400円＋税

小中学校の国語教材を題材に、その中に込められたしくみを文法で解き明かします。文法を使って身近な文章を読むことで「こんな読み方があったのか」「この解釈にはこんな根拠があったのか」と気づくことでしょう。

ご注文の際はFAX（03-5684-4762）、またはメール（kurosio@9640.jp）まで。

Kurosio
くろしお出版